公路工程标准规范理解与应用丛书

《公路工程施工监理规范》
实施手册

周绪利　编著

人民交通出版社股份有限公司
China Communications Press Co.,Ltd.

内 容 提 要

本书为《公路工程施工监理规范》(JTG G10—2016)的配套图书，由规范的主要起草人编写，对规范条文的编写理由、背景资料、使用时应注意的事项等内容进行了详细介绍，以方便读者更好地学习、理解、应用规范。

本书可作为《公路工程施工监理规范》(JTG G10—2016)的宣贯用书。

图书在版编目(CIP)数据

《公路工程施工监理规范》实施手册／周绪利编著.— 北京：人民交通出版社股份有限公司，2016.8
ISBN 978-7-114-13288-9

Ⅰ．①公… Ⅱ．①周… Ⅲ．①道路工程—施工监理—技术规范 Ⅳ．①U415.1-65

中国版本图书馆 CIP 数据核字(2016)第 200369 号

公路工程标准规范理解与应用丛书
书　　名：《公路工程施工监理规范》实施手册
著　作　者：周绪利
责任编辑：李　农
出版发行：人民交通出版社股份有限公司
地　　址：(100011)北京市朝阳区安定门外外馆斜街3号
网　　址：http://www.ccpcl.com.cn
销售电话：(010)85285857
总　经　销：人民交通出版社股份有限公司发行部
经　　销：各地新华书店
印　　刷：北京市密东印刷有限公司
开　　本：720×960　1/16
印　　张：10.25
字　　数：236千
版　　次：2016年8月　第1版
印　　次：2025年5月　第7次印刷
书　　号：ISBN 978-7-114-13288-9
定　　价：50.00元

(有印刷、装订质量问题的图书，由本公司负责调换)

前　言 QIANYAN

《公路工程施工监理规范》（JTG G10—2006）（简称"原规范"）是在我国第一部监理行业规范——《公路工程施工监理规范》（JTJ 077—95）的基础上修订而成的，自2006年11月发布实施以来，适逢我国公路建设新高峰、快速发展期，不但有力地指导、规范了公路工程监理工作行为，而且对落实工程监理制度、保证工程质量和安全发挥了不可替代的重要保障作用，有力地支撑了我国公路建设事业健康有序发展。

在公路工程标准体系中，与其他工程建设技术标准有所不同，《公路工程施工监理规范》是带有管理性质、规范监理工作的工程管理性标准，政策性、法规性、管理性、操作性和技术性都很强，因此基本原则是依法监理、认真负责。

本规范修订的主要思路是：以服务交通运输科学发展、安全发展为指针，以加强现代工程管理、深化监理制度改革为统领，以法律法规为依据，坚持目标和问题导向，进一步调整完善监理工作机制，规范监理工作及参建各方行为。以工程质量、安全为重点，突出程序控制、工序验收和检验评定，精简旁站、抽检和内业工作量，落实监理对施工质量、安全问题的否决权，提高监理工作有效性。

为帮助广大公路监理、建设、施工、监督、检测人员更好地掌握、理解和应用本规范，了解条文编制的背景，把握修订的主要内容，正确运用规范解决工程管理实际问题，规范编制组编写了本书。

本书编写体例与《公路工程施工监理规范》（JTG G10—2016）（简称"本规范"）基本一致，手册中对规范中相关条款进行了详细的注释。针对监理工作的特点，提出了对各条款采用"输入→主体→输出"分析法进行解构，并给出了部分示例。由于《公路工程标准编写导则》（JTG A04—2013）中规定"条不得用标题的形式表述"，本次修订删减了原规范中条的标题，为便于应用，手册中则予以恢复、修改和增补。同时，鉴于本规范的管理性特点及与政策法规的关联性，对有关法律法规和当前深化公路建设管理体制改革过程中的一些事项进行了阐述，例如：

简政放权中的有关资质、资格问题,不同建设管理模式下的监理要求问题等,并将有关公路建设管理体制改革和监理定位的主要依据——交通运输部《关于深化公路建设管理体制改革的若干意见》(交公路发〔2015〕54号)等附于书后。此外,还将原规范中一些重要的条文说明内容予以保留。为明显区分,规范条文采用楷体字,条文释义采用宋体字。但附录中的表格仍用宋体字。

本书内容如有与《公路工程施工监理规范》(JTG G10—2016)不一致之处,以后者规定为准。

本规范的主要参编人员翁优灵、李达、张捷、李明华、姜竹生、刘强等参加本书编写及审核,交通运输部公路局、安全与质量监督管理司、中国交通建设监理协会等给予了大力支持。

作　者
2016年8月

目 录 MULU

1 总则 ··· 1
2 术语 ··· 11
3 基本规定 ·· 18
4 施工准备阶段监理 ··· 28
　4.1 监理准备工作 ··· 29
　4.2 监理工作 ·· 33
5 施工阶段监理 ··· 41
　5.1 一般规定 ·· 43
　5.2 质量监理 ·· 48
　5.3 安全监理 ·· 56
　5.4 环保监理 ·· 63
　5.5 费用监理 ·· 66
　5.6 进度监理 ·· 68
　5.7 机电工程监理 ··· 70
6 验收与缺陷责任期阶段监理 ··· 74
7 合同事项管理 ··· 80
8 监理工地会议 ··· 92
　8.1 一般规定 ·· 92
　8.2 第一次工地会议 ··· 94
　8.3 工地例会 ·· 96
　8.4 专题会议 ·· 98
9 监理资料 ·· 99
　9.1 一般规定 ·· 100

1

9.2 资料内容 ………………………………………………… 102
9.3 归档 ……………………………………………………… 106
附录 A 监理旁站项目 ………………………………………… 108
附录 B 监理记录 ……………………………………………… 110
附录 C 分项工程(中间)交工证书 …………………………… 114
附录 D 监理指令单 …………………………………………… 115
附件一 建设工程质量管理条例(国务院令 第 279 号) …… 116
附件二 建设工程安全生产管理条例(国务院令 第 393 号) … 130
附件三 交通运输部关于深化公路建设管理体制改革的若干意见
(交公路发〔2015〕54 号) ………………………………… 145
附件四 依法监理 改革提升 促进公路建设健康发展
——《公路工程施工监理规范》修订解读 ………………… 153

1 总 则

本章主要内容为制定规范的目的、适用范围和共性要求等。

本章共6条,不分节。各条主要内容及其来源情况见表1-1。其中,修订、修改、编辑、增补分别是指对原条文的全面修订、部分修改、编辑性调整和新增补的条文。

本章条文主要内容及其来源　　　表1-1

条编号	主要内容	原规范	备注
1.0.1	目的	1.0.1	修订
1.0.2	适用范围	1.0.2	修订
1.0.3	监理依据	1.0.3	修改
1.0.4	明确责权	1.0.4	修订
1.0.5	监理工作原则		增补
1.0.6	执行相关标准	1.0.7	编辑

《公路工程标准编写导则》(JTG A04—2013)对标准的总则部分的编写内容和要求有明确规定。其第3.2.1条规定:"总则不宜分节,并应按下列内容和顺序逐条编写:1 制修订标准的目的;2 标准的适用范围;3 标准的共性要求;4 执行相关标准的要求。"

1.0.1　为规范公路工程施工监理,提高工程建设管理水平,制定本规范。

【目的】

工程监理制度是我国改革开放以来逐步引进、建立、推行的一项行之有效的基本工程管理制度。《公路法》第二十三条规定:"公路建设项目应当按照国家有关规定实行法人负责制度、招标投标制度和工程监理制度。"《建筑法》第三十条也规定"国家推行建筑工程监理制度。"

本规范是对《公路工程施工监理规范》(JTG G10—2006)的全面修订。交通部1995年发布实施的《公路工程施工监理规范》(JTJ 077—95)(简称"95

版规范")是我国第一项工程监理行业标准。原规范第1.0.1条目的是"为落实公路工程施工监理制度,使监理工作标准化、规范化。"95版规范第1.0.1条目的是"为加强公路工程质量管理,控制工期和工程费用,提高投资效益及工程管理水平,使施工监理工作法制化、标准化、程序化。"

为落实工程管理制度,监理规范作为带有管理性质、规范工程监理的工程技术标准,要与政策、法规、改革发展等相协调一致。在目前我国全面深化改革时期,通过调研和总结分析认为,公路工程监理的发展研究方向主要分为三类,即高端咨询(或FIDIC)、建设管理(或项目管理)、现场服务(或施工控制),但其基本原则都是依法监理、认真负责。

FIDIC是国际咨询工程师联合会(Fédération Internationale Des Ingénieurs Conseils)的法文缩写,也是FIDIC条款或施工合同条款(Conditions of Contract for Construction)的简称,中文又称菲迪克。FIDIC条款是被大家普遍接受的咨询工程师的工作准则,也是我国引进和采纳的重要依据来源,其1987年第四版和1999年版(新红皮书)对公路工程监理行业的发展产生了较大的影响。公路工程监理规范结合施工合同范本有时被称为有中国特色的FIDIC条款。

近年来,随着我国经济社会的快速发展、公路工程建设任务和管理形势的变化、建设管理体制的深化改革,有关工程监理的性质、定位、实施、作用等的表述出现了一些新的变化,甚至有人产生了对工程监理制度存废的疑问。我们将其概括为"要不要监理？为谁监理？谁监理？监理什么？怎么监理？"等方面的基本问题。《交通运输部关于深化公路建设管理体制改革的若干意见》(交公路发〔2015〕54号,见本书附件三,简称《若干意见》)中已经给出了前3个问题的明确回答,而本规范是对后两个问题答案的最新阐释。

《若干意见》中强调:"改革工程监理制。坚持和完善工程监理制,更好地发挥监理作用。"可见,不存在取消监理制度、不要监理的问题,改革并不是把监理制改没了。其中同时指出:"监理工作是项目建设管理工作的重要组成部分。监理单位根据项目建设管理法人要求,按照合同约定的权利和义务,依法、依合同开展监理工作。"(以前也有"监理工作是建设管理工作的延伸"的表述。)因此,执行本规范、落实工程监理制度,对提高公路工程建设管理水平具有重要意义。

本规范不仅规范施工监理工作,还包括建设、施工等单位与监理有关的行为,因此未使用"规范公路工程施工监理工作"或"行为"。

1.0.2 本规范适用于公路新建和改扩建工程监理。

【适用范围】

《建设工程质量管理条例》(国务院令 第279号)第十二条规定,"下列建设工程必须实行监理:

(一)国家重点建设工程;

(二)大中型公用事业工程;

(三)成片开发建设的住宅小区工程;

(四)利用外国政府或者国际组织贷款、援助资金的工程;

(五)国家规定必须实行监理的其他工程。"

原规范第1.0.2条规定:"本规范适用于实施工程监理制度的公路工程项目的施工监理,养护工程监理可参照执行。"

按照《公路工程标准编写导则》(JTG A04—2013)等的编写要求,本次修订不再强调养护工程参照执行,而要根据养护工程是否实行监理制度来考虑。鉴于目前尚没有专门适用于公路养护监理的规范,当养护工程实行监理制度时,仍可参照本规范执行。

《公路工程技术标准》(JTG B01—2014)第2.0.1条规定,公路改扩建是指"在现有公路的基础上,为提高技术等级、通行能力或改善技术指标而进行的公路建设工程,包括公路的改建、扩建等。"

另外,交通部《公路养护工程管理办法》(交公路发〔2001〕327号)中规定:"公路养护工程按其工程性质、复杂程度、规模大小划分为小修保养、中修、大修和改建工程。"也就是说,改建工程属于养护工程。

1.0.3 公路工程监理的主要依据应包括：
1 有关法律法规、技术标准。
2 监理合同。
3 施工合同、工程设计文件等。

【监理依据】

《公路法》第二十六条规定："承担公路建设项目的设计单位、施工单位和工程监理单位，应当按照国家有关规定建立健全质量保证体系，落实岗位责任制，并依照有关法律、法规、规章以及公路工程技术标准的要求和合同约定进行设计、施工和监理，保证公路工程质量。"

《建筑法》第三十二条规定："建筑工程监理应当依照法律、行政法规及有关的技术标准、设计文件和建筑工程承包合同，对承包单位在施工质量、建设工期和建设资金使用等方面，代表建设单位实施监督。"

《建设工程质量管理条例》第三十六条规定："工程监理单位应当依照法律、法规以及有关技术标准、设计文件和建设工程承包合同，代表建设单位对施工质量实施监理，并对施工质量承担监理责任。"

本次修订，将主要监理依据按监理工作上下游关系进行梳理，分为三个层次，即①适用的有关法律法规、技术标准，属于共同的基础性要求；②监理合同（其中甚至还包括本规范），属于监理工作本身的要求；③施工合同、工程设计文件等，属于监理对象的要求。三者为一体，相互关联、相辅相成。而监理工作涉及施工单位与建设单位等的权责和程序要求，主要在施工合同中体现。

公路工程监理作为兼具政策性、管理性的技术咨询服务工作，涉及方方面面的法律、法规需要遵照执行，有的属宏观、原则性的，有的是实质、操作性的，包括《公路法》、《招标投标法》、《合同法》、《安全生产法》、《环境保护法》、《环境影响评价法》、《水土保持法》，以及国务院《建设工程质量管理条例》、《建设工程安全生产管理条例》、《生产安全事故报告和调查处理条例》等。

现行有关公路工程监理的部门规章主要有《公路建设监督管理办法》、《公路建设市场管理办法》、《公路水运工程监理企业资质管理规定》、《公路水运工程试验检测管理办法》、《公路工程建设项目招标投标管理办法》、《公路工程设计变更管理办法》、《公路工程竣(交)工验收办法》和《公路水运工程安全生产监督管理办法》等。

技术标准是有关公路工程建设技术标准的统称,包括国家标准、行业标准和地方标准等,又分为强制性标准和推荐性标准两类。

实际上,有关法律法规、技术标准、工程设计文件等也是合同的当然内容。本规范本身又是监理合同的重要组成部分。

监理合同一般应包括监理合同协议书及附件、中标通知书、投标文件、合同专用条款、合同通用条款、工程专用规范、《公路工程施工监理规范》、技术规范、双方签认的澄清文件等。施工合同包括合同协议书、中标通知书、投标函及投标函附录、项目专用合同条款、公路工程专用合同条款、通用合同条款、技术规范、图纸、已标价工程量清单,承包人有关人员设备投入的承诺及投标文件中的施工组织设计,以及其他合同文件。

关于施工合同的适用问题,现行《公路工程施工监理招标文件范本》(交质监发〔2008〕557号)《监理合同》通用条款中有下列约定:"如果监理人在监理服务过程中行使的权力或所需的授权,来自于发包人和第三方签订的工程合同文件,该合同文件必须成为本监理合同的组成部分,两者之间如出现矛盾,则应编制补充说明文件一并列入监理合同。"我国现行建设工程施工合同(示范文本)中通用合同条款与FIDIC施工合同条款(1999年红皮书)主要内容的对比见表1-2。

我国施工合同通用条款与FIDIC条款主要内容对比表　　表1-2

项	示 范 文 本	FIDIC	备注
1	1 一般约定	1 一般规定 17 风险与职责	
2	2 发包人	2 雇主 6 员工	
3	3 承包人	4 承包商 5 指定的分包商	
4	4 监理人	3 工程师	

续上表

项	示范文本	FIDIC	备注
5	5 工程质量		无对应
6	6 安全文明施工与环境保护		无对应
7	7 工期和进度	8 开工、延误和暂停	
8	8 材料与设备	7 生产设备、材料和工艺	
9	9 试验与检验	9 竣工试验	
10	14 验收和工程试车	10 雇主的接收	
11	10 变更	13 变更和调整	
12	11 价格调整		
13	12 合同价格	12 测量和估价	
14	13 计量与支付	14 合同价格和付款	
15	15 竣工结算		
16	16 缺陷责任与保修	11 缺陷责任	
17	17 违约	15 由雇主终止 16 由承包商暂停	
18	18 不可抗力	19 不可抗力	
19	19 保险	18 保险	
20	20 索赔和争议解决	20 索赔、争端和仲裁	

另外需要注意的是，由于有关法律法规制定、修订的滞后性，在监理工作中也不能完全教条生搬硬套。如交通部《公路工程施工监理办法》（交工发〔1992〕378号）、《公路工程质量管理办法》（交公路发〔1999〕90号）等出台时间较早，需要及时进行修订，方具指导性。《公路水运工程监理企业资质管理规定》内容也在不断进行调整。上述部门规章多正在修订完善中。因此，本手册引用的是现行法律法规、文件及《监理合同》、《施工合同》通用合同条款和专用条款中的一些条文，在执行过程中应注意其时效性并采用原文。

1.0.4 监理合同中应明确各方的职责和权限,应避免责权不清或交叉。自行监理的亦应以文件形式明确监理机构及其职责和权限。

【明确责权】

《公路法》第二十四条规定:"公路建设单位应当根据公路建设工程的特点和技术要求,选择具有相应资格的勘查设计单位、施工单位和工程监理单位,并依照有关法律、法规、规章的规定和公路工程技术标准的要求,分别签订合同,明确双方的权利义务。"

根据有关法律法规的规定,公路工程建设项目中,监理包括为实现工程质量、安全、环保、费用和进度等目标所做的管理、控制和保证工作,以及合同管理、信息管理和综合协调工作(简称"五控两管一协调")。相对于建设单位,是受委托提供监理咨询服务;相对于施工单位,是进行监督、控制和管理。在不同的建设管理模式下,具体哪些工作由监理机构负责,应根据法律法规的规定和实际情况由建设单位与监理单位确定。按照同样道理,在工程施工招投标文件和施工合同中,也有许多涉及监理工作方面的内容。

FIDIC施工合同条款及《施工合同》通用合同条款和公路工程专用合同条款就是针对建设、监理和施工单位等各方的,有很多是涉及监理人、第三方等的内容。

《建筑法》第三十三条规定:"实施建筑工程监理前,建设单位应当将委托的工程监理单位、监理的内容及监理权限,书面通知被监理的建筑施工企业。"

现行《监理合同》通用条款中规定了建设单位、监理单位双方的义务、责任和保障,并明确"合同双方互为权利和义务主体,双方应遵循平等互利、协商一致的原则履行监理合同。双方均应按照监理合同公正地行使权力和全面履行自己的职责。"同时,现行《施工合同》通用合同条款及公路工程专用合同条款中也有专门的章节明确了监理人的职责和权利及管理要求,也约定了在合同的执行和管理过程中涉及监理人的具体工作内容。

交通运输部组织开展的建设管理体制改革调研和其他调研中,普遍反映存在"监理职责不清,与项目法人和施工单位职责交叉"问题,因此本条明确规定"应避免责权不清或交叉"。

《若干意见》中明确规定,自管模式"由项目建设管理法人统一负责项目的全部建设管理工作和监理工作。""项目建设管理法人必须具备相应的管理能力和技术能力,并配备具有相应执业资格的专业人员,能够完成项目管理全部工作,包括《公路工程施工监理规范》规定的相关工作,对项目质量、安全、进度、投资、环保等负总责。"

根据《若干意见》及相关配套文件,项目建设管理采用自管模式或代建模式,建设单位(包括业主、项目法人、建设管理法人或代建单位等的统称)可能不再强制委托社会监理,并不是不监理、不实行监理制度,而是自行监理,按规定仍须执行监理规范。因为履行监理职责要对应施工单位,所以也需确定监理机构及其职责和权限,做到责权明确、界面清晰、程序严谨,并正式通知施工单位。

交通运输部发布施行的《公路建设项目代建管理办法》(部令2015年第3号)和《公路工程设计施工总承包管理办法》(部令2015年第10号)等都明确了监理管理的有关要求。

总结有关建设管理模式与监理定位的关系,如图1-1所示。

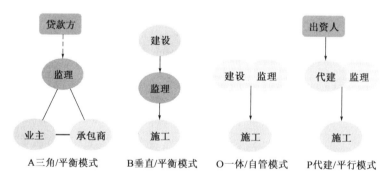

图1-1 建设管理模式与监理定位分类示意图

《公路建设项目代建管理办法》第二十二条规定:"代建单位具有监理能力的,其代建项目的工程监理可以由代建单位负责,承担监理相应责任。代建单位相关人员应当依法具备监理资格要求和相应工作经验。代建单位不具备监理能力的,应当依法招标选择监理单位。"

《公路工程设计施工总承包管理办法》第十九条规定:"项目法人根据建设项目的规模、技术复杂程度等要素,依据有关规定程序选择社会化的监理开展工程监理工作。监理单位应当依据有关规定和合同,对总承包施工图勘察设计、工程质量、施工安全、进度、环保、计量支付和缺陷责任期工程修复等进行监理,对总承包单位编制的勘察设计计划、采购与施工的组织实施计划、施工图设计文件、专项技术方案、项目实施进度计划、质量安全保障措施、计量支付、工程变更等进行审核。"在设计施工总承包模式下,监理工作又扩大了咨询服务的范围,至少延伸到了施工图勘察设计。

关于目前正大力推广采用的政府和社会资本合作模式(PPP模式),首先其核心是一种融资方式而不是管理模式,然后才是隐含采用的项目管理模式,因此并不影响工程监理制度的实施,也不影响本规范的适用。其中具体的监理职责和权限,仍然要按照法律法规的规定,根据项目法人、项目建设管理单位、监理机构和施工单位等的管理实际来确定。

1.0.5 公路工程监理工作应遵循公正、科学、诚信、自律的原则。

【监理工作原则】

我国推行公路工程监理制度后,早期总结提出了"严格监理、热情服务、秉公办事、一丝不苟"的监理原则,并纳入了《公路工程施工监理办法》和95版规范。后来,演变形成"严格监理、优质服务、公正科学、廉洁自律"的职业准则,但未在原规范中体现。本次修订时据此增补了原则性的要求,作为监理工作的基本遵循。

《建筑法》第三十四条规定:"工程监理单位应当根据建设单位的委托,客观、公正地执行监理任务。"

国家标准《建设工程监理规范》(GB/T 50319—2013)第1.0.9条规定,"工程监理单位应公平、独立、诚信、科学地开展建设工程监理与相关服务活动。"

1.0.6 公路工程监理除应符合本规范的规定外,尚应符合国家和行业现行有关标准的规定。

【执行相关标准】

本条是《公路工程标准编写导则》(JTG A04—2013)中规定的典型用语。同时,相应要求在本章第1.0.3条也已有所体现,但侧重点不同。

2 术　语

本章主要内容为选列的 13 个在本规范中有特定含义的术语及其解释。

本章共 13 条，不分节。各条主要内容及其来源情况见表 2-1。

本章条文主要内容及其来源　　　　　　表 2-1

条编号	主要内容	原规范	备注
2.0.1	监理	2.0.1	修订
2.0.2	监理机构	2.0.3	修改
2.0.3	监理人员	2.0.5	修改
2.0.4	监理工程师	2.0.4	修订
2.0.5	总监理工程师	2.0.6	修订
2.0.6	驻地监理工程师	2.0.7	修改
2.0.7	监理计划	2.0.8	修改
2.0.8	监理细则	2.0.9	编辑
2.0.9	巡视	2.0.10	修改
2.0.10	旁站	2.0.11	编辑
2.0.11	抽检		增补
2.0.12	检测见证		增补
2.0.13	监理日志		增补

本次修订根据规范内容实际需要和专家意见调整了监理机构等术语定义，增补抽检、检测见证、监理日志等术语，删减监理单位、试验工程、标准试验、自检、公路机电工程监理及试运行期等术语。同时，按照《公路工程标准编写导则》(JTG A04—2013)等规定增加了术语的英文译名，其中有关"监理"和"监理工程师"的英文翻译有必要进行一些探讨。

国家标准《建设工程监理规范》的英文名称是 Code of Construction Project Management，其术语"建设工程监理"为 construction project management，"监理工程师"为 project management engineer，也就是把"监理"翻译成英文"项目管理"之义。本规范中延续将"监理"翻译为 supervision，即"监督"、"监管"之义。前者,把监理等同于项目管理,有扩大范围之嫌;后者,把监理混同于监督,则有抬高层级之嫌,反而都忽视了咨询服务的本义。

在FIDIC条款中,并没有出现"监理"一词,但其"Engineer(工程师)"及"Engineer's Duties and Authority(工程师的职责与权利)"中则与我们所说的监理工程师同义。在FIDIC外围的探讨中,把Engineer的上述两种角色按管理和技术咨询,分别称为项目经理(Construction Manager,CM)和监督顾问(Supervision Consultant,SC)。

因此,用Engineer或Consulting Engineer(咨询工程师)专指监理工程师是通行做法,更详细、准确些可为consulting engineer for construction project management。

2.0.1 监理 construction supervision

监理机构及人员对公路工程施工质量、安全、环保、费用和进度等实施的监督管理及咨询服务活动。

【监理】

公路工程"监理"一词最初来源于日文"工事监理"(即施工监理、工程监理),FIDIC合同条款中并未直接出现而是称"咨询服务",之前我国大陆、台湾,以及日本等也用在"交通(车辆)监理"中。现仍顾名思义,作"监督管理"解,并明确了"咨询服务"属性。原规范中为"监督和管理"。

《建筑法》第三十二条规定:"建筑工程监理应当依照法律、行政法规及有关的技术标准、设计文件和建筑工程承包合同,对承包单位在施工质量、建设工期和建设资金使用等方面,代表建设单位实施监督。"使用的是"监督"一词。

《若干意见》中指出,"引导监理企业和监理从业人员转型发展。提供高层次、多样化的管理咨询服务。"

需要注意的是,监理机构中的监理人员应按监理合同进行监理,但不是直接执行监理合同(执行监理合同是监理单位的责任),而是根据法律法规、监理规范和监理计划确定的岗位职责开展监理工作。

2.0.2 监理机构 project supervision department

在项目现场设立的履行监理职责的组织,包括总监理工程师办公室(简称总监办)及驻地监理工程师办公室(简称驻地办)。

【监理机构】

在公路工程施工过程中,由监理机构负责现场履行监理职责、组织开展监理工作,这与监理单位履行监理合同是有区别的。

原规范中,仅设置总监办时,称为一级监理机构;同时设置总监办和驻地办时,称为二级监理机构。本次修订不再采用。

总监办根据工作需要派驻在现场的监理组属于总监办的内部组织,而不是相对独立的监理机构,也不应叫驻地办。

同时,按照本规范第3.0.3条的规定,大幅收窄了可设置驻地办的条件范围,一般工程项目不再设置驻地办,以避免职责不清、程序繁复、影响效率。

《公路工程施工监理招标文件范本》中指出:"招标人应按照《公路工程施工监理规范》的规定,结合招标项目的特点确定监理机构的设置。凡是应该招标的监理项目,无论是总监办还是驻地办,均应由中标的监理企业组建。"

2.0.3 监理人员 supervisor

从事项目监理工作的专业技术人员。

【监理人员】

监理人员包括监理工程师、监理员和试验检测人员等,具体见本规范第3.0.4条的规定。

原规范中用"监理工程师",《监理合同》和《施工合同》条款中用"监理人"来统称所有监理机构和监理人员。本次修订时,进一步分别明确了监理单位、监理机构、总监办、驻地办及监理人员、监理工程师、总监、驻地监理工程师等术语的使用范围和主体的责权规定。

考虑到术语的使用层次，本次修订未纳入专业监理工程师、试验检测人员、监理员等一些术语的解释。

2.0.4　监理工程师　Engineer

具备公路工程监理工程师资格、从事项目监理工作的人员。

【监理工程师】

公路工程"监理工程师"是法律法规中设定的行政许可类执业（职业）资格。《建设工程质量管理条例》第三十七条规定："工程监理单位应当选派具备相应资格的总监理工程师和监理工程师进驻施工现场。"

目前，公路工程监理工程师证书分为监理工程师和专业监理工程师两类，该专业监理工程师是指证书的种类而非工程项目监理机构中的岗位。

本条的"监理工程师"则是指工程项目监理机构中的岗位，当规范条文中仅出现"监理工程师"一词时（如第3.0.4条第1款），则是指监理机构中的岗位或具备监理工程师资格的人员，包括总监、驻地监理工程师、专业监理工程师和其他监理工程师等。专业监理工程师岗位可分为合约工程师、路面工程师、桥梁工程师、材料工程师、安全监理工程师和环保监理工程师等，应根据工程项目的专业构成、规模大小和工作需要进行设置。

2.0.5　总监理工程师　chief Engineer

具备公路工程监理工程师资格，负责全面履行项目监理职责的管理者，简称总监。

【总监】

总监是对合同履行实施管理的全权负责人，是总监办的管理者，翻译为Manager更合适一些。按照本规范第3.0.1条的规定，公路工程监理应实行总监负责制，即由总监负责组织全面履行项目监理职责、全面管理监理机构工作。

公路工程的总监是监理机构中的最高岗位，而不是一种独立的职业资格，因此仍按监理工程师资格要求。

2.0.6 驻地监理工程师 resident Engineer

具备公路工程监理工程师资格,经总监授权,负责履行驻地办监理职责的管理者。

【驻地监理工程师】

驻地监理工程师是驻地办的负责人、管理者。

驻地办是为适应公路工程线长、点多的特点而设置的相对独立的驻施工现场的监理组织,其工作对总监办负责,因此需经总监授权。

2.0.7 监理计划 project planning for supervision

由总监主持编制、开展监理工作的指导性文件。

【监理计划】

开展项目监理工作除了要依据有关法律法规、技术标准及本规范、监理合同和施工合同以外,具体执行的总体工作方案即监理计划。也有称作监理规划的,如国家标准《建设工程监理规范》。

监理计划既包括组织工作等管理内容,也包括"五控两管"和单位、分部工程监理等技术内容,具体要求见本规范第4.1.1条的规定。监理计划要注重指导性、实施性、全程性和全面性。

2.0.8 监理细则 detailed rules for supervision

根据监理计划,针对技术复杂、专业性较强的工程或某一方面监理工作编制的操作性文件。

【监理细则】

"专业性较强"的表述来自于《建筑法》,其第三十八条规定"对专业性较强的工程项目,应当编制专项安全施工组织设计,并采取安全技术措施。"而不仅是《建设工程安全生产管理条例》中所规定的"达到一定规模的危险性较大的分部分项工程"。

监理细则的具体内容要求见本规范第4.1.2条的规定,要突出可操作性、可执行性。

2.0.9 巡视 patrol inspecting

监理工程师对施工现场进行的定期或不定期的巡回检查活动。

【巡视】

《建设工程质量管理条例》第三十八条规定:"监理工程师应当按照工程监理规范的要求,采取旁站、巡视和平行检验等形式,对建设工程实施监理。"

巡视的具体要求见本规范第5.1.3条的规定。巡视应由监理工程师进行。

2.0.10 旁站 key works supervising

监理人员对旁站项目(见附录A)的施工过程进行的现场监督活动。

【旁站】

旁站的具体要求见本规范第5.1.4条的规定,旁站项目见附录A。

2.0.11 抽检 casual inspection

监理机构按规定的项目和频率对工程材料或实体质量进行的平行或随机检验活动。

【抽检】

抽检的具体要求见本规范第5.2.3条的规定。

抽检定义为平行或者随机检验,而不全都是平行检验。众所周知,材料质量检验和过程控制中的工程实体指标检测,除了要评价质量是否合格外,主要是重点抽查关键部位和薄弱环节,同时验证施工单位试验检测的情况。而对产品类质量检验和评价工程质量的验收检测,则需要采取随机抽样方法。

需要强调的是,抽检、复测的目的不仅仅是判定质量是否合格,更重要的是掌握、评价施工单位自检工作的情况。通过试验、检测、测量结果的比较,发现自检过程中存在的问题并加以改进,从而保证自检的科学、准确,发挥试验检测工作对施工的指导、控制、评价、支撑作用。

2.0.12 检测见证 inspection witness

监理人员对施工单位关键项目检测过程进行的现场监督活动。

【检测见证】

检测见证是抽检与旁站的结合。考虑到公路工程点多线长、地处偏远的特点,又与《建设工程质量管理条例》第三十一条中针对材料的规定有所区别,暂未独立列出,而作为旁站中的一类。

根据《公路工程质量检验评定标准》(JTG F80),关键项目是指"分项工程中对结构安全、耐久和主要使用功能起决定性作用的检验项目。"

2.0.13 监理日志 daily record of project supervision

监理机构每日对监理工作及施工情况所做的记录。

【监理日志】

"监理日志"不同于"监理日记",是指监理机构的每日工作记录,具体内容要求见本规范第9.2.6条和附录B.4。而对监理人员的"日记",监理日记可以借用统一印制的监理日志本或其格式。

3 基本规定

本章主要内容为公路工程监理涉及的共性、基本要求。

本章共9条,不分节。各条主要内容及其来源情况见表3-1。

本章条文主要内容及其来源　　　　　　　表3-1

条编号	主要内容	原规范	备注
3.0.1	监理基本要求	1.0.5	修订
3.0.2	建设单位要求	1.0.6	修改
3.0.3	监理机构设置	3.0.1	修订
3.0.4	监理人员配备	3.0.2	修订
3.0.5	总监及总监办职责	3.0.4	修订
3.0.6	驻地及驻地办职责	3.0.5	修改
3.0.7	质量安全否决权		增补
3.0.8	信息化管理		增补
3.0.9	监理阶段划分	3.0.6	修改

原规范中这一章为"一般规定",本次修订根据《公路工程标准编写导则》(JTG A04—2013)规定进行修改。规范、简化了监理机构设置、人员配置要求,适应深化改革、放管服发展方向。按照依法、依规、依合同有效监理的原则,强化工程质量、安全,弱化审批、协调,调整总监、驻地办职责内容。增补关于质量安全否决权和信息化管理的规定。

3.0.1 监理机构应依法按照合同约定的职责和权限,代表建设单位对公路工程施工质量、安全、环保、费用和进度等实施监理。公路工程监理应实行总监负责制。

【监理基本要求】

《建筑法》第三十二条规定:"建筑工程监理应当依照法律、行政法规及有关的技术标准、设计文件和建筑工程承包合同,对承包单位在施工质量、建设工期和建设资金使用等方面,代表建设单位实施监督。"

《建设工程质量管理条例》第三十六条规定:"工程监理单位应当依照法律、法规以及有关技术标准、设计文件和建设工程承包合同,代表建设单位对施工质量实施监理,并对施工质量承担监理责任。"

《若干意见》中指出:"明确监理定位。工程监理在项目管理中不作为独立的第三方,监理单位是对委托人负责的受托方,按合同要求和监理规范提供监理咨询服务。"

总监负责制是指总监全面负责总监办的管理和工程项目的监理工作,并承担相应的法律责任。

本章第3.0.5条和第3.0.6条分别列出了总监及总监办的主要职责、驻地监理工程师及驻地办的职责。现行公路工程《监理合同》通用条款中将监理服务划分为正常的服务、附加的服务和额外的服务,也详细列出了总监办及驻地办的各项监理服务内容。并规定,监理人应按照《公路工程施工监理规范》及相关法律、法规开展监理服务;各阶段监理服务内容包括但不限于所列内容,发包人可根据工程实际情况在专用条款中对其进行调整;监理人根据监理合同进行监理服务时,在发包人授权权限范围内开展工作。

3.0.2 建设单位应严格执行公路工程质量管理、安全生产、环境保护等法律法规,提供合法、规范、有序的监理工作环境。

【建设单位要求】

交通部《公路建设监督管理办法》中规定:"公路建设项目法人应当承担公路建设相关责任和义务,对建设项目质量、投资和工期负责。"

《若干意见》中指出:"落实项目法人责任制。项目建设管理法人是经依法设立或认定,具有注册法人资格的企、事业单位,负责公路项目的建设管理,承担工程质量、安全、进度、投资控制等法定责任。"

有关法律法规特别是《建设工程质量管理条例》、《建设工程安全生产管理条例》以及现行《监理合同》通用条款中规定了建设单位的责任和义务。本条还强调了监理工作环境。

3.0.3 监理机构设置应符合下列规定：

1 公路工程项目监理均应设总监办，100km以上的高速公路、一级公路工程可设驻地办。当不设驻地办时，总监办应同时履行本规范规定的驻地办职责。

2 监理机构内部的组织和规模可根据工程特点和规模等因素确定。

3 监理机构完成监理合同约定的任务后可撤离现场。

【监理机构设置】

本条明确了监理机构设置时应考虑的因素和撤场条件。

监理工程项目无论大小，均需设置总监办统一组织实施监理工作。根据调研、适应发展需要，本次修订进一步收窄了可设置驻地办的范围，即"100km以上的高速公路、一级公路工程"可设驻地办，当然也可不设驻地办；其他工程项目则一般不应设驻地办。

只设总监办、不设驻地办的，本规范对驻地办相应的人员配备、职责等要求属于总监办。在此情形下，监理机构即等同于总监办，驻地办也指总监办，驻地监理工程师也指总监。

组织是指监理机构中的内部组织结构及关系，参见本规范第4.1.1条。现行《监理合同》通用条款中指出："监理人应根据工程规模、难易程度、合同工期安排、现场条件等因素设置现场监理的组织机构并满足合同要求。"部分采用了原规范中的表述。

据调研中反映，有建设单位利用总监办的名义侵占监理机构的权利和费用，而不履行相应职责。这是不符合法规要求的，应该禁止。

3.0.4 监理人员配备应符合下列规定：

1 监理机构中监理人员应由总监、监理工程师、试验检测人员和必要的监理员等组成。

2 监理人员的数量和专业结构，应根据监理内容、工程规模、合同工期和施工阶段等因素,按保证有效监理的原则确定。

3 高速公路、一级公路等宜按每年每7500万元建安费配备监理工程师1名,并可根据工程特点和实际需要在0.8~1.2系数范围内调整。

4 遇重大工程变更等情况,应经建设单位同意后调整监理人员配备,并签订补充协议。

5 监理单位变更总监或监理工程师时,应经建设单位书面同意。

【监理人员配备】

本条明确了监理人员的组成和配备时应考虑的因素和原则。

本条中总监、监理工程师等均系监理机构中的岗位职务,需建设单位、监理单位等的批准和授权或在合同、文件中明确,同时要严格控制监理员等辅助人员的数量。监理工程师包括驻地监理工程师、专业监理工程师和其他监理工程师等。

按照年建安费计算配备持证监理工程师人数是原规范的重要研究成果之一。根据十年来发展和调研情况,针对普遍反映的人数太多、费用偏低等问题,本次修订通过将高速、一级公路建安费由原5000万元提高至7500万元而减少了持证监理工程师配备的基准数量要求,同时维持了0.8~1.2的调整系数。其他工程项目监理工程师的配备人数可参照执行,并结合工程监理实际需要确定。

本次修订增补了遇重大工程变更、变更总监或监理工程师时的要求。而不允许降低资格条件等则属于合同约定的内容,因此未作强制性规定。

现行《监理合同》通用条款中指出:"监理人派驻到工程所在地进行监理服务的监理人员,应能够胜任监理合同约定的监理服务工作,监理人配备的重要监理岗位人员职称、专业、年龄、资格、资历、业绩、数量等须满足招标文件的要求和《公路工程施工监理规范》的规定,除非专用条款另有约定。"

原规范中的有关规定如下:

"3.0.2 监理人员配备

"高速公路、一级公路工程每年每5000万元建安费宜配备交通部核准资格的监理工程师1名;独立大桥、特长隧道工程每年每3000万元建安费宜配备交通部核准资格的监理工程师1名。根据工程特点和实际需要,上述配置可在0.8~1.2的系数范围内调整。

"高速公路机电工程,每50km每系统宜配备交通部核准资格的监理工程师1名,根据工程情况,如系统复杂或隧道机电工程内容较多,可适当增加。

"总监办应配备1名总监理工程师和若干名专业监理工程师。总监理工程师应具有相应专业的高级技术职称、五年以上的现场工程监理经历、担任过两项以上同类工程的驻地或总监职务。

"驻地办应根据工程复杂程度配备1~2名驻地监理工程师和若干名专业监理工程师。驻地监理工程师应具有相应专业的中级或高级技术职称、同类工程三年以上监理经历。"

3.0.5 总监及总监办应履行下列主要职责:

1 确定监理机构岗位职责及人员,建立工地试验室。
2 主持编制监理计划,审批监理细则。
3 主持召开第一次工地会议、监理交底会。
4 审批施工组织设计及总体进度计划,审验主要原材料和混合料。
5 签发工程开工令、支付证书、单位工程和合同段的停工令及复工令。
6 组织检查施工单位质量、安全和环保等管理体系的建立及运行情况。
7 审查交工验收申请,评定工程质量,参加交、竣工验收。
8 审核工程分包、工程变更、工程延期和费用索赔等。
9 参与或配合工程质量、安全事故的调查和处理。
10 组织编写监理月报和监理工作报告,编制监理竣工资料。
11 提供建设单位委托的其他工程管理咨询服务。

【总监及总监办职责】

本次修订分别对总监办、驻地办的主要职责进行了梳理、调整。具体项目管理过程中,还要按照法律法规、招投标、合同、委托或授权的实际情况执行。

基本规定

根据监理的定义和定位,明确了"其他工程管理咨询服务"的职责。

增补了安全、环保方面职责内容。

进一步区分了审查、审批、批准、批复、审核、核查、审验等用词,并在第4、5章中精简了事前审批方面的工作。原则上,除了审批和已明确需要签认、批准的事项需出具正式意见外,审查、审核等过程中发现存在问题的,也要出具书面意见或记录。

现行《监理合同》通用条款中对建设单位的审批做出明确约定:"发包人根据监理人有关针对本工程的工期、质量、投资、合约和安全等问题的请示及时予以决定。对上述请示给予书面答复的期限,自收到书面请示之日起最长不超过7日,重大问题不得超过28日。逾期未予书面答复应视为发包人同意。"

主要原材料和混合料见本规范第5.2.3条所列,其他为一般材料。

经与《公路工程质量检验评定标准》(JTG F80)的修订相协调,分项工程由监理机构"组织"施工单位进行质量检验评定,监理机构对分部、单位工程质量进行检验评定。因此,又细分至总监办和驻地办。

建设项目、合同段、单位工程、分部工程、分项工程是公路工程施工管理的一条范围主线。其中有关术语含义如下:

(1)单位工程:在合同段中,具有独立施工条件和结构功能的工程。

(2)分部工程:在单位工程中,按路段长度、结构部位及施工特点等划分的工程。

(3)分项工程:在分部工程中,根据施工工序、工艺或材料等划分的工程。

单位工程主要包括路基工程、路面工程、桥梁工程、隧道工程、交通工程(含交通安全设施、机电工程)和附属工程(含绿化工程、声屏障工程、房屋建筑工程等)。

3.0.6 驻地监理工程师及驻地办应履行下列职责:

1 主持编制监理细则。

2 主持召开工地会议。

3 审批月进度计划,审查一般原材料和混合料。

4 审批分部分项工程开工申请,签发分部分项工程停工令及复工令。

5 核查施工单位测量、施工放线成果并进行复测。

6 采取巡视、旁站、抽检和验收等方式,检查施工质量、安全和环保等情况。

7 组织分项工程(中间)交工质量检验评定,进行分部工程质量评定。

8 核算工程量清单,对已完工程进行计量。

9 组织填写监理日志,编写监理工作报告,归集监理资料。

【驻地及驻地办职责】

按照第3.0.3条的规定,当不设驻地办时,其相应的职责由总监办承担。

本条中没有规定驻地办建立工地试验室的要求。驻地办是否建立工地试验室应按合同约定,见本规范第4.1.6条的规定。

本规范中总监办与驻地办主要职责及分工对比见表3-2。

总监办与驻地办主要职责及分工对比表　　　　表3-2

序号	总监办职责	驻地办职责
1	确定监理机构岗位职责及人员,建立工地试验室	
2	主持编制监理计划,审批监理细则	主持编制监理细则
3	主持召开第一次工地会议、监理交底会	主持召开工地会议
4	审批施工组织设计及总体进度计划,审验主要原材料和混合料	审批月进度计划,审查一般原材料和混合料
5	签发工程开工令、支付证书、单位工程和合同段的停工令及复工令	审批分部分项工程开工申请,签发分部分项工程停工令及复工令
		核算工程量清单,对已完工程进行计量
6	组织检查施工单位质量、安全和环保等管理体系的建立及运行情况	核查施工单位测量、施工放线成果并进行复测
		采取巡视、旁站、抽检和验收等方式,检查施工质量、安全和环保等情况

续上表

序号	总监办职责	驻地办职责
7	审查交工验收申请,评定工程质量,参加交、竣工验收	组织分项工程(中间)交工质量检验评定,进行分部工程质量评定
8	审核工程分包、工程变更、工程延期和费用索赔等	
9	参与或配合工程质量、安全事故的调查和处理	
10	组织编写监理月报和监理工作报告、编制监理竣工资料	组织填写监理日志、编写监理工作报告,归集监理资料
11	提供建设单位委托的其他工程管理咨询服务	

3.0.7 监理机构在监理过程中发现施工存在质量问题或安全事故隐患的,应要求施工单位整改,未整改或整改不合格的不得进行下一道工序施工,不得进行计量支付。施工单位拒不整改的,监理机构应及时向建设单位或监管部门报告。

【质量安全否决权】

增补本条,明确、强调了监理对工程质量、安全等问题的否决权。

《建设工程质量管理条例》第三十七条规定:"未经监理工程师签字,建筑材料、建筑构配件和设备不得在工程上使用或者安装,施工单位不得进行下一道工序的施工。未经总监理工程师签字,建设单位不拨付工程款,不进行竣工验收。"

《建设工程安全生产管理条例》等也有相应的规定。

监理过程包括事前的审查、审批,事中的巡视、旁站、抽检,事后的签认、验收(检验评定)、质量评定等,具体规定见第4~7章。

3.0.8 公路工程监理宜实行信息化管理。

【信息化管理】

鼓励监理机构采用信息化手段提高监理工作效率,除日常监理信息管理外,包括建立监理资料管理、统一的试验检测数据平台,结合现场监控、监测情况进行巡视、旁站等。

3.0.9 公路工程监理应根据工程管理过程划分为下列三个阶段：

1 监理合同签订之日至工程开工令确定的开工之日为施工准备阶段。

2 工程开工之日至工程交工验收申请受理之日为施工阶段。

3 工程交工验收申请受理之日至缺陷责任终止证书签发之日为验收与缺陷责任期阶段。

【监理阶段划分】

公路工程建设具有点多、线长、面广、规模大、投资高、周期长以及"线形+层状"等典型特征，公路工程监理必然需具有适应这些特征的规律和要求。本次修订有关章节内容突出了监理工作"职责+流程"的主线，形成完整链条体系（表3-3），其中首先体现在施工准备阶段、施工阶段、验收与缺陷责任期阶段的划分，如图3-1所示。

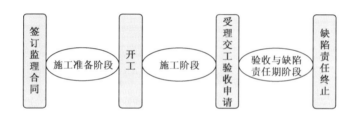

图3-1 监理阶段划分示意图

工程开工令确定的开工之日，标志着施工准备阶段的结束和施工阶段的开始；工程（合同段）交工验收申请的受理，标志着合同工程施工阶段的结束和验收与缺陷责任期阶段的开始。工程监理始于监理合同协议书签订，止于缺陷责任终止证书签发。

需要注意的是，交、竣工验收时间是一个动态的期限，而缺陷责任期一般是固定的。交工验收针对合同段、与项目通车试运营也有所区别，缺陷责任期结束并不一定与竣工验收完成之日一致。当组织竣工验收时间滞后于缺陷责任期结束时，监理单位仍需继续承担有关工作，如准备、参加竣工验收等。

现行《施工合同》项目专用合同条款数据表的附注中指出："缺陷责任期一般应为自实际交工日期起计算2年。"

简要监理工作体系框架表

表 3-3

施工准备阶段监理	施工阶段监理	验收与缺陷责任期阶段监理	合同事项管理	监理工地会议	监理资料
4.2.1 审批施工组织设计	5.1 一般规定	6.0.1 审查交工申请	7.0.1 审查分包	8.1.1 会议分类	9.1.1 资料分类
4.2.2 审核工程划分	5.1.1 审批开工	6.0.2 交工验收准备	7.0.2 履约检查	8.2 第一次工地会议	9.2 资料内容
4.2.3 检查保证体系	5.1.3 巡视	6.0.3 参加交工验收	7.0.3 停工/复工	8.2.1 会议组织	9.2.1 监理管理文件
4.2.4 核查试验室	5.1.4 旁站	6.0.4 交工结账	7.0.4 工程变更	8.2.2 会议内容	9.2.2 质量监理文件
4.2.5 参加设计交底	5.2 质量监理	6.0.5 缺陷责任检查	7.0.5 工程延期	8.3 工地例会	9.2.3 安全、环保监理文件
4.2.6 交桩、复测	5.2.1 桩位复测	6.0.6 缺陷责任终止	7.0.6 费用索赔	8.3.1 会议组织	9.2.4 费用与进度监理文件
4.2.7 开工预付款	5.2.2 审验材料	6.0.7 参加竣工验收	7.0.7 价格调整	8.3.2 会议内容	9.2.5 合同事项管理文件
4.2.8 监理交底会	5.2.3 抽检		7.0.8 违约处理	8.4 专题会议	9.2.6 监理日志
4.2.9 第一次工地会	5.2.4 构配件验收		7.0.9 处理争端	8.4.1 会议组织	9.2.7 监理月报
4.2.10 签发开工令	5.2.5 隐蔽工程验收		7.0.10 合同解除	8.4.2 会议内容	9.2.8 监理工作报告
	5.2.6 分项工程交工				9.3 归档
	5.2.7 质量检验评定				
	5.2.8 质量问题处理				
	5.3 安全监理				
	5.4 环保监理				
	5.5 费用监理				
	5.6 进度监理				

4 施工准备阶段监理

本章主要内容为施工准备阶段的监理准备工作和主要监理工作的规定。

本章分两节,第4.1节7条,第4.2节10条。各节、条主要内容及其来源情况见表4-1。

本章条文主要内容及其来源　　　　表4-1

条编号	主要内容	原规范	备注
4.1	监理准备工作	4.1	
4.1.1	监理计划	4.1.4	修订
4.1.2	监理细则	4.1.5	修订
4.1.3	熟悉文件	4.1.2	修订
4.1.4	了解环境	4.1.3	修改
4.1.5	质量责任登记		增补
4.1.6	监理试验室	4.1.1	修订
4.1.7	监理设施		增补
4.2	监理工作	4.2	
4.2.1	审批施工组织设计	4.2.2	修订
4.2.2	审核工程划分	4.2.7	修改
4.2.3	检查保证体系	4.2.3	修订
4.2.4	核查工地试验室	4.2.4	编辑
4.2.5	参加设计交底	4.2.1	修改
4.2.6	交桩、复测	4.2.5 4.2.6	修订
4.2.7	开工预付款	4.2.10	编辑
4.2.8	监理交底会	4.2.11	修改
4.2.9	第一次工地会议	4.2.12	编辑
4.2.10	签发开工令	4.2.13	编辑

原规范条文说明指出:"施工准备阶段是施工监理的重要工作阶段,是事先监理、主动监理,是为施工阶段奠定良好基础的阶段。"施工准备阶段监理的

工作主要包括两个方面,即监理机构自身的准备工作和对施工单位开工前准备活动的监理工作内容。

本次修订合并了测量、复核、核算等监理内容,减少了审批事项。

4.1 监理准备工作

4.1.1 监理计划应由总监主持编制,经监理单位审核后报建设单位批准。当工程监理实施情况发生重大变化时,监理计划应及时修订。监理计划应包括下列主要内容:

1 工程概况。

2 监理工作的依据、范围、内容和目标。

3 监理机构的组织形式,监理人员岗位职责,监理人员和设备配备及进退场计划。

4 监理工作制度、监理程序及工作用表。

5 工程质量、安全、环保、费用和进度等监理工作方案,应明确巡视、旁站、抽检和验收等具体计划要求。

6 合同事项管理和信息管理工作方案。

7 监理设施等。

【监理计划】

本条细化了监理计划应包括的主要内容,并增补了及时修订的要求。在监理计划的实施过程中,应根据实际情况变化进行补充、修改和完善,并履行相同的审批程序。

监理计划是监理机构针对所监理工程的具体实际情况编制的指导、全面实施监理工作的总体计划,是对监理规范及合同要求的细化和补充,如明确巡视的人员、在不同情况下巡视的频次、巡视的范围和重点等具体计划和要求。与监理规范、投标文件(技术建议书)中监理工作程序、监理大纲(或监理方案)等不同,监理计划的编制需要有指导性、针对性和可行性,便于操作和实施,注重"五控两管一协调"等目标之间的有机联系,巡视、旁站、抽检、监控、验收等机制之间的协调配合,记录、报告、资料等成果之间的相互印证,既内容全面又重点突出,实现公路工程有效监理。

当前,监理计划内容应该贯彻落实现代工程管理理念(图4-1)。我们认为,其核心是以人为本,基础是法制保障、创新驱动,原则是目标导向、过程导向、问题导向,体现在发展理念人本化、项目管理专业化、工程施工标准化、管理手段信息化、日常管理精细化。

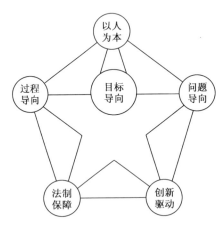

图4-1 现代工程管理理念构成示意图

项目监理计划的编制时间应满足合同规定的期限要求。如无约定,一般应在监理合同签订之日起一个月内、召开第一次工地会议下达之前完成。

4.1.2 对技术复杂、专业性较强的分部分项工程,尚应编制专项监理细则,并报总监审批。监理过程中,监理细则应根据工程实际变化情况进行补充、修改。监理细则应包括下列主要内容:

1　工程内容和特点。

2　监理工作流程。

3　监理工作要点。

4 监理工作方法和措施。

5 巡视、旁站和抽检等计划。

【监理细则】

本条明确了监理细则应包括的主要内容和应修改完善的要求。监理细则应根据已经批准的监理计划进行编制,并与监理批准的施工组织设计相呼应。

需要编制监理细则的技术复杂、专业性较强的分部分项工程,并没有统一的规定。《建筑法》第三十八条规定:"对专业性较强的工程项目,应当编制专项安全施工组织设计,并采取安全技术措施。"体现在《建设工程安全生产管理条例》中是"对下列达到一定规模的危险性较大的分部分项工程编制专项施工方案"。因此,有时参照危险性较大工程的项目范围,具体要求见有关法律法规及本手册第4.2.1条、第5.3.2条的条文和说明。

巡视、旁站、抽检和验收的重点包括影响主体结构安全和主要使用功能、完工后无法检测其质量或返工会造成较大损失的部位及其施工过程等。

在多年来的工程实践、总结的基础上,形成了一些格式化的监理细则文本。在监理工作中,应该根据工程实际编制有针对性的监理细则。

原规范条文说明中指出:"二级以下公路、技术不太复杂的分项和分部工程可不编写监理细则。对采用新技术、新材料、新工艺或在特殊季节施工的分项、分部工程,应针对施工单位编制的施工方案,编制相应的监理细则。"

4.1.3 监理机构应组织监理人员熟悉有关技术标准、合同文件、监理计划和工程设计文件。当发现施工图设计文件有差错时,应及时书面通知建设单位。

【熟悉文件】

监理合同、施工合同、工程设计文件和监理计划是监理工作的重要依据,熟悉有关法律法规、技术标准是做好监理工作的基础。尽管监理机构多已没有审查施工合同、设计文件的义务,但如果发现施工合同、施工图设计文件等有错漏或文件之间要求有不一致之处,也应通知建设单位做出处理、改正。

4.1.4 监理工程师应现场了解、核查施工环境和条件。

【了解环境】

与现行《施工合同》通用合同条款中"承包人现场查勘"的要求有所不同,监理工程师主要是对征地、拆迁等条件进行调查,了解建设单位是否能够按照总体施工进度计划按时向施工单位提交工程用地等。如发生影响按时开工的情况,应及时向建设单位反映,尽快解决。

4.1.5 监理机构应按规定填写工程质量责任登记表,如实登记监理人员。

【质量责任登记】

交通运输部《关于严格落实公路工程质量责任制的若干意见》(交公路发〔2008〕116号)中规定:"公路建设项目实行工程质量责任登记制度,从业单位应按要求填写工程质量责任登记表。""填写单位对工程质量责任登记表的真实性负责。"并提出了相应的填写内容事项要求。其附件《公路建设项目监理单位工程质量责任登记表》中要登记法定代表人、单位主管负责人、总监理工程师、监理组长、专业监理工程师、监理员等的信息,"填表单位要盖公章,各责任人要签字",并由项目法人签署审核意见。

4.1.6 监理机构应按合同约定配备必要的试验检测仪器设备,建立工地试验室。

【监理试验室】

监理工地试验室的建设范围、规模、配置要求和费用提供等是在监理合同中约定的内容,以满足工程监理工作需要为目标。

原规范第4.1.1条规定:"总监办中心试验室应按监理合同要求配备常规的试验检测设备;驻地办试验室应按监理合同要求配备现场抽查常用的试验检测设备。"其条文说明中指出:"试验是监理工作的最重要手段。监理试验室按不同层次监理分工负责、讲求实效、节约资源的原则,总监办中心试验室以（材料）试验为主，驻地试验室以现场抽查检测和试件制备为主配备试验检测设备。监理试验可只包括土工、水泥及水泥混凝土、钢筋原材及焊接、沥青及沥青混凝土、路面基层材料等常规试验项目。"

4.1.7 建设单位应按合同约定提供监理必要的工作、生活等设施。

【监理设施】

监理设施的建设范围、配置要求和费用提供等是在监理合同、施工合同中约定的内容。

现行《监理合同》通用条款中"发包人的义务"约定："发包人应按照监理合同约定向监理人提供履行监理服务所必需的工作条件。"

4.2 监理工作

4.2.1 总监应对施工单位报审的施工组织设计进行审查，并在规定期限内批复。审查应包括下列基本内容：

1 施工组织设计的编审程序。
2 质量、安全、环保、进度和费用等目标。
3 技术、质量、安全和环保等保证体系。
4 安全技术措施、专项施工方案和施工现场临时用电方案。
5 桥梁和隧道施工安全风险评估的工程项目清单。
6 施工人员、资金、主要材料和机械设备等资源供应计划。
7 施工总平面布置、交通导改方案、事故应急救援预案。

【审批施工组织设计】

本条明确了审批施工组织设计的基本内容，并增补了技术保证体系要求。

为便于使用、更好地体现"职责+流程"的基本规则，对本规范中实质性的条款，可以采取"输入→主体→输出"分析的方法进行更详细的解构和操作。

本条简单示例如图4-2所示。

图4-2 监理工作输入、输出分析图示例

审批时限等属于合同规定的内容。一般先由驻地监理工程师和专业工程师审查并提出审查意见,然后由总监办专业监理工程师审核后由总监签署批复。

"安全专项施工方案"针对达到一定规模的危险性较大的工程,参见本规范第5.3.2条的规定及条文说明。国务院《建设工程安全生产管理条例》、交通运输部《公路水运工程安全生产监督管理办法》及《公路工程施工安全技术规范》(JTG F90—2015)等有关法规、技术标准中列示了危险性较大的工程(包括需编制专项施工方案和需专家论证审查两类),具体分类和项目见《公路工程施工安全技术规范》(JTG F90—2015)附录A等。

交通运输部《关于开展公路桥梁和隧道工程施工安全风险评估试行工作的通知》(交质监发〔2011〕217号)"决定在施工阶段实行公路桥梁和隧道工程安全风险评估制度。"并提出了有关要求,具体内容见本手册第5.3.2条说明。

现行《施工合同》通用合同条款中有下列约定,供参考:

"3.1 承包人的一般义务

承包人在履行合同过程中应遵守法律和工程建设标准规范,并履行以下义务:

(4)按合同约定的工作内容和施工进度要求,编制施工组织设计和施工措施计划,并对所有施工作业和施工方法的完备性和安全可靠性负责。

"7.1.1 施工组织设计的内容

"施工组织设计应包含以下内容：

(1)施工方案；

(2)施工现场平面布置图；

(3)施工进度计划和保证措施；

(4)劳动力及材料供应计划；

(5)施工机械设备的选用；

(6)质量保证体系及措施；

(7)安全生产、文明施工措施；

(8)环境保护、成本控制措施；

(9)合同当事人约定的其他内容。

"7.1.2 施工组织设计的提交和修改

"除专用合同条款另有约定外，承包人应在合同签订后14天内，但至迟不得晚于第7.3.2项〔开工通知〕载明的开工日期前7天，向监理人提交详细的施工组织设计，并由监理人报送发包人。除专用合同条款另有约定外，发包人和监理人应在监理人收到施工组织设计后7天内确认或提出修改意见。对发包人和监理人提出的合理意见和要求，承包人应自费修改完善。根据工程实际情况需要修改施工组织设计的，承包人应向发包人和监理人提交修改后的施工组织设计。"

4.2.2 总监办应审核施工单位提交的单位、分部、分项工程划分，并报建设单位。

【审核工程划分】

本条简单示例如图4-3所示。

划分的单位、分部、分项工程是工程项目管理的一条主线，如工程质量检验评定(验收)、计量支付等都是以分项工程为基础的。《公路工程质量检验评定标准》(JTG F80—2004)中规定了工程划分的项目和主要工程，并规定：

"根据建设任务、施工管理和质量检验评定的需要,应在施工准备阶段按本标准附录 A 将建设项目划分为单位工程、分部工程和分项工程。施工单位、工程监理单位和建设单位应按相同的工程项目划分进行工程质量的监控和管理。"

图 4-3　监理工作输入、输出分析图示例

审核工程划分时,应要求列出所有的单位、分部、分项工程,并按统一的规则分类编号、标明主要工程、统计数量,而不仅仅是写出划分的原则。

4.2.3　监理机构应对施工单位的工程质量责任登记表进行初审,对施工单位的技术、质量、安全和环保等保证体系建立情况进行检查。

【检查保证体系】

《关于严格落实公路工程质量责任制的若干意见》中要求"施工总包单位的工程质量责任登记表经监理单位初审后由项目法人负责审核。"施工单位的质量责任应分解到分项工程。工程质量责任登记表中的责任人所承担的质量责任内容应能够覆盖整个工程建设,不得缺漏。

《公路建设项目施工单位工程质量责任登记表》中要登记法定代表人、单位主管负责人、单位技术负责人、项目经理、项目副经理、项目技术负责人、工序负责人、班组长等的信息。

对施工单位的技术、质量、安全和环保等保证体系,在施工准备阶段主要是其建立、到位、落实情况,是否符合施工组织设计中的安排。重点要求人员到位、设施到位、资金到位、规章制度到位和职责分工到位等,并进行交底和宣贯。

以工程质量为例,保证体系不仅是管理机构、组织和人员,应该包括组织体系、目标管理、制度保证、过程控制和检查验收等方面的内容。施工单位应当建立质量责任制,必须建立、健全施工质量的检验制度。现行《施工合同》

通用合同条款中要求:"承包人按照第7.1款〔施工组织设计〕约定向发包人和监理人提交工程质量保证体系及措施文件,建立完善的质量检查制度,并提交相应的工程质量文件。"

4.2.4 监理机构应核查施工单位工地试验室的人员、仪器设备和试验检测能力是否满足施工合同要求及工程施工管理需要,管理制度是否健全。

【核查工地试验室】

试验检测是施工单位指导施工、控制质量和评价质量的基本技术手段,也是检查、评价、验收工程质量的科学依据。施工单位在现场设立的工地试验室应满足施工合同和有关法规文件的要求,如《公路水运工程试验检测管理办法》(交通部令2005年第12号)、《关于进一步加强公路水运工程工地试验室管理工作的意见》(厅质监字〔2009〕183号)等。对规模较大的高速公路新建、改扩建工程项目,还要落实《工地试验室标准化建设要点》(厅质监字〔2012〕200号)等。

现行《施工合同》通用合同条款中有下列约定,供参考:

"9.1.2 承包人应按专用合同条款的约定提供试验设备、取样装置、试验场所和试验条件,并向监理人提交相应进场计划表。

"承包人配置的试验设备要符合相应试验规程的要求并经过具有资质的检测单位检测,且在正式使用该试验设备前,需要经过监理人与承包人共同校定。

"9.1.3 承包人应向监理人提交试验人员的名单及其岗位、资格等证明资料,试验人员必须能够熟练进行相应的检测试验,承包人对试验人员的试验程序和试验结果的正确性负责。"

4.2.5 监理工程师应参加设计交底,掌握工程设计意图、设计标准和要点,了解对施工质量、安全和环保控制的要求,澄清有关问题。

【参加设计交底】

现行《施工合同》通用合同条款中约定:"发包人应按照专用合同条款约定的期限、数量和内容向承包人免费提供图纸,并组织承包人、监理人和设计人进行图纸会审和设计交底。"

设计交底会一般由设计或施工单位编写会议纪要,监理机构参加人员与建设、设计、施工等单位负责人共同签认。

原规范中规定:"监理工程师应参加设计交底,掌握本工程的设计意图、设计标准和要点;熟悉对材料与工艺的要求,施工中应特别注意的事项,以及对施工安全、环保工作的要求等;澄清有关问题,收集资料并记录。"

4.2.6 监理工程师应参加工程交桩,对施工单位提交的原始基准点的复测结果进行核查和平行复测,监督施工单位在原始地面线未被扰动前测定地面线并对其测定结果进行必要的抽测,对工程量清单复核结果及土石方工程量计算资料进行核查。

【交桩、复测】

原始基准点、基准线和基准高程是决定整个工程平面位置和高程的基础,因此要求进行平行复测检查。考虑到目前测量技术的发展进步和工程实际,降低了对其他有关抽测频率的要求。

原始地面线是影响计量、容易出现争议的关键因素,需要测定准确、经过确认。原规范第4.2.6条验收地面线的规定是:"监理工程师应监督施工单位在原始地面线未被扰动前测定地面线,并对测定结果进行抽测。抽测频率应能判定施工单位测定结果是否真实可靠,且不低于施工单位测点的30%。监理工程师应对施工单位提交的土石方工程量计算资料进行审核。"若施工单位擅自开工扰动了原始地面线,监理工程师需要根据设计文件按不利结果认定。

工程量清单是计量支付的主要依据,清单管理也是费用监理的主要工作之一。监理工程师应按照有关法规和施工合同约定的计量原则进行工程数量核算。

现行《施工合同》通用合同条款中对测量放线有下列约定:

施工准备阶段监理

"7.4.1 除专用合同条款另有约定外,发包人应在至迟不得晚于第7.3.2项(开工通知)载明的开工日期前7天通过监理人向承包人提供测量基准点、基准线和水准点及其书面资料。发包人应对其提供的测量基准点、基准线和水准点及其书面资料的真实性、准确性和完整性负责。

"承包人发现发包人提供的测量基准点、基准线和水准点及其书面资料存在错误或疏漏的,应及时通知监理人。监理人应及时报告发包人,并会同发包人和承包人予以核实。发包人应就如何处理和是否继续施工作出决定,并通知监理人和承包人。

"7.4.2 承包人负责施工过程中的全部施工测量放线工作,并配置具有相应资质的人员、合格的仪器、设备和其他物品。承包人应矫正工程的位置、高程、尺寸或准线中出现的任何差错,并对工程各部分的定位负责。

"施工过程中对施工现场内水准点等测量标志物的保护工作由承包人负责。"

4.2.7 总监应在施工单位完成施工准备、提交开工预付款担保后,按施工合同约定的金额签署开工预付款支付证书,报建设单位审批。

【开工预付款】

现行《施工合同》通用合同条款中约定:"预付款的支付按照专用合同条款约定执行,但至迟应在开工通知载明的开工日期7天前支付。预付款应当用于材料、工程设备、施工设备的采购及修建临时工程、组织施工队伍进场等。"

4.2.8 总监应在合同段开工前主持召开由施工单位项目经理和技术、质量、安全负责人,工地试验室负责人,其他主要管理人员及主要监理人员等参加的监理交底会,介绍监理计划的相关内容。

【监理交底会】

监理交底会的主要内容是监理计划,因此不同于第一次工地会议侧重于协调、检查。根据工程实际和准备工作情况,监理交底会有的在开工前单独召开,对中小项目也可以与第一次工地会议一起召开。

4.2.9 总监应主持召开第一次工地会议。会议内容和组织应符合本规范第8.2节的有关规定。

【第一次工地会议】

第一次工地会议的相关要求和说明见本手册第8.2节。

4.2.10 总监办收到施工单位提交的合同段开工申请后,应对合同段的开工条件进行核查。具备开工条件的,总监应签发开工令,并报建设单位。

【签发开工令】

核查开工条件包括本节第4.2.1~4.2.7条的内容等。

现行《施工合同》通用合同条款中约定:"经发包人同意后,监理人发出的开工通知应符合法律规定。监理人应在计划开工日期7天前向承包人发出开工通知,工期自开工通知中载明的开工日期起算。"

原规范条文说明中指出:"某项条件因客观原因未完成,且其对开工后的工程正常进行无明显影响时,经建设单位同意后,可签发合同工程开工令。"

5 施工阶段监理

本章主要内容为施工阶段的质量、安全、环保、费用、进度和机电工程等监理工作的规定。

本章分7节,第5.1节4条,第5.2节8条,第5.3节7条,第5.4节4条,第5.5节5条,第5.6节4条,第5.7节4条。各节、条主要内容及其来源情况见表5-1。

本章条文主要内容及其来源   表5-1

条编号	主 要 内 容	原 规 范	备 注
5.1	一般规定		
5.1.1	审批分部分项工程开工	5.1.7 5.1.6	修订
5.1.2	监理要点		增补
5.1.3	巡视	5.1.9	修订
5.1.4	旁站	5.1.10	修订
5.2	质量监理	5.1	
5.2.1	桩位复测	5.1.2	修订
5.2.2	审验材料	5.1.3	修订
5.2.3	抽检	5.1.11	修订
5.2.4	构配件验收	5.1.8	修改
5.2.5	隐蔽工程验收	5.1.12 5.1.10	修订
5.2.6	分项工程交工	5.1.14	修订
5.2.7	质量检验评定	5.1.15	修订
5.2.8	质量问题处理	5.1.13	修订
5.3	安全监理	5.2	
5.3.1	安全监理人员		增补

续上表

条编号	主要内容	原规范	备注
5.3.2	审查安全方案	5.2.1	修订
5.3.3	安全检查	5.2.3	修订
5.3.4	检查专项方案实施	5.2.4	修订
5.3.5	事故隐患处理	5.2.3	修改
5.3.6	安全事故处理	5.2.6	编辑
5.3.7	安全监理台账	5.2.5	修订
5.4	环保监理	5.3	
5.4.1	审查环保措施	5.3.1	编辑
5.4.2	环保检查	5.3.2	修订
5.4.3	树木、自然保护	5.3.5	修改
5.4.4	环保问题处理	5.3.3	修改
5.5	费用监理	5.4	
5.5.1	计量支付条件	5.4.1	编辑
5.5.2	计量支付要求	5.4.2	修改
5.5.3	计量	5.4.5 5.4.6	修订
5.5.4	支付	5.4.7	修改
5.5.5	计量支付台账	5.4.3	修改
5.6	进度监理	5.5	
5.6.1	进度监理原则	5.5.1	编辑
5.6.2	审批进度计划	5.5.3	修订
5.6.3	进度检查	5.5.4	编辑
5.6.4	进度计划调整	5.4.5	修改
5.7	机电工程监理	9	
5.7.1	机电工程监理要求		增补
5.7.2	软件测试	9.2.3	修改
5.7.3	系统测试	9.2.16	修订
5.7.4	试运行检查	9.3	修订

原规范"质量监理"一节中,审批分项分部工程的开工申请和巡视、旁站等涉及安全、环保方面的监理内容,本次修订分列为"一般规定"。同时,减少了事前审批审查事项,或者将审批调整为审查,或者改为事中事后检查。将"应采取以巡视为主的方式进行施工现场监理"写入条文,以减少"监工"现象。结合《公路工程质量检验评定标准》(JTG F80)等拟取消打分的评定体系,在突出重点、抓住关键、丰富手段的基础上,强化程序控制、工序验收和检验评定,调整了试验、巡视、旁站、抽检项目和频率,进一步减少相应监理工作量和内业工作量。

《建设工程质量管理条例》第三十八条规定,"监理工程师应当按照工程监理规范的要求,采取旁站、巡视和平行检验等形式,对建设工程实施监理。"

有关法律法规和《施工合同》通用合同条款及专用条款中,对工程质量、安全文明施工与环境保护、工期和进度等有相应的要求,监理人员应该熟悉、掌握。

5.1 一 般 规 定

5.1.1 监理机构应对施工单位提交的分部工程及主要分项工程开工申请进行审查,并在规定期限内批复。审查应包括下列基本内容:

1 施工方案及主要施工工艺控制要点等是否符合有关技术标准。

2 技术、质量和安全管理人员及主要操作人员等的配备是否满足施工合同要求和施工需要。

【审批分部分项工程开工】

本条简单示例如图5-1所示。

对分部工程及主要分项工程,同时审查施工方案、主要工艺和人员配备等。因为按相同方案施工的一些分项工程的审查内容重复,所以仅审批首次申请。

图 5-1　监理工作输入、输出分析图示例

现行《施工合同》公路工程专用合同条款中补充规定:"承包人应在分部工程开工前 14 天向监理人提交分部工程开工报审表,若承包人的开工准备、工作计划和质量控制方法是可接受的且已获得批准,则经监理人书面同意,分部工程才能开工。"

原规范规定,监理工程师应要求施工单位提交分项、分部工程的开工申请,在合同规定的时间内审查其是否具备开工条件,以确定是否批复其开工申请。其条文说明中指出:"对分项工程的开工申请的批准,不仅仅是对某一特定分项工程的审批,也包括在同一合同工程中相同单位工程、分部工程中相同分项工程的审批,但分项工程开工条件有变化的除外。"结合分项工程划分表容易执行。

《公路工程质量检验评定标准　第一册　土建工程》(JTG F80/1—2004)的附录 A 单位、分部及分项工程的划分中说明:"表内标注 * 号者为主要工程,不带 * 号者为一般工程"。

经过重新整理,本规范中经常涉及的主要工程见表 5-2。

现行检评标准中主要分项工程一览表　　　　表 5-2

单位工程	分部工程	主要分项工程
路基工程	路基土石方工程	土方路基、石方路基、软土地基、土工合成材料处治层
	排水工程	管道基础及管节安装、检查(雨水)井砌筑、浆砌排水沟、急流槽
	小桥、人行天桥	基础及下部构造,上部构造预制、安装或浇筑,桥面
	涵洞、通道	基础及下部构造,主要构件预制、安装或浇筑
	砌筑防护工程	挡土墙、抗滑桩、锚喷防护
	大型挡土墙 组合式挡土墙	基础、墙身、构件预制、构件安装、总体

续上表

单位工程	分部工程		主要分项工程
路面工程	路面工程		基层、面层
桥梁工程	基础及下部构造		桩基、地下连续墙、沉井、桩的制作 墩台身(砌体)浇筑、墩台帽、组合桥台
	上部构造	预制和安装	主要构件预制、预应力筋的加工和张拉、悬臂拼装、劲性骨架拱肋安装、钢管拱肋制作、钢管拱肋安装、吊杆制作和安装
			顶推施工梁、转体施工拱、钢梁制作、钢梁防护
		现场浇筑	主要构件浇筑、预应力筋的加工和张拉、悬臂浇筑、劲性骨架混凝土、钢管混凝土拱
	总体、桥面系和附属工程		桥梁总体、桥面铺装、钢桥面铺装、大型伸缩缝安装
	防护工程		护岸、导流工程
	引道工程		路基、路面、挡土墙、小桥、涵洞
隧道工程	明洞		明洞回填
	洞身开挖		洞身开挖
	洞身衬砌		混凝土衬砌
	隧道路面		基层、面层
交通工程	交通安全设施	标志	标志
		标线	标线
		护栏	波形梁护栏、缆索护栏、混凝土护栏
	机电工程		
附属工程	环保工程		
	房屋建筑工程		

5.1.2 在施工过程中,监理机构应对施工单位主体责任落实情况、施工合同执行情况和质量安全等保证体系运行情况进行监督检查。

【监理要点】

增补本条,进一步强调了施工过程中监理的基本、重点内容要求。

对施工单位主体责任的要求在《安全生产法》等一系列法律法规中已有

明确规定。《若干意见》中"改革工程监理制"部分再次指出"工程施工质量和安全的第一责任人是施工单位"。

5.1.3 监理工程师应采取以巡视为主的方式进行施工现场监理,按计划定期或不定期巡视施工现场,对施工的主要工程每天不少于1次,并填写巡视记录(格式见附录B.1)。巡视应包括下列主要内容:

1 施工现场管理人员特别是质量、安全管理人员是否到位,特种作业人员是否持证上岗。

2 使用的原材料或混合料、构配件和主要施工机械设备是否与批准的一致。

3 是否按技术标准、工程设计文件、批准的施工组织设计和方案施工。

4 质量、安全、环保和施工标准化等措施是否落实,施工自检和工序交接是否符合规定。

【巡视】

巡视更适合公路工程施工线长、点多、面广的特点,明确写入"监理工程师应采取以巡视为主的方式进行施工现场监理",作为对现场监理工作机制的重要方向性调整,并细化了巡视主要内容要求。

根据调研,原规范规定"每天对每道工序的巡视应不少于1次"过于频繁且概念模糊,修订后不再针对每道工序,而要求"对施工的主要工程每天不少于1次"。巡视的主要目的是全面掌握现场总体情况、发现施工中存在的问题并要求改正,因此巡视的主体明确为"监理工程师"而不是"监理人员",并且应不限于所列主要内容。

国家、交通运输主管部门经常组织开展一些专项活动,如打造品质工程、创建平安工地、治理质量通病、施工标准化等,也需要列入监理巡视检查的内容。交通运输部2011年2月印发了《关于开展高速公路施工标准化活动的通知》(交公路发〔2011〕70号),目前施工标准化活动已在各等级公路建设养护中逐步实现常态化,因此写入了条文。

原规范第5.1.9条规定:"监理人员应重点巡视:正在施工的分项、分部工程是否已批准开工;质量检测、安全管理人员是否按规定到岗;特种作业人员是否持证上岗;现场使用的原材料或混合料、外购产品、施工机械设备及采用的施工方法与工艺是否与批准的一致;质量、安全及环保措施是否实施到位;试验检测仪器、设备是否按规定进行了校准;是否按规定进行了施工自检和工序交接。"

5.1.4 监理机构应安排监理人员对附录A所列旁站项目的施工过程进行旁站,对主要工程的关键项目进行检测见证,并填写旁站记录(格式见附录B.2),签认检测见证结果。

【旁站】

多年来,大家对旁站太多、太滥、太随意、效果不佳的反映很多,取消"监工"模式的呼声很高。实际上,经调研分析认为,未严格执行原规范、未按其附录所列项目进行旁站、盲目擅自提要求是主要原因。现代信息化、远程监控监测等技术的运用也为现场监管提供了有效手段。所以由"宜"改为"应"按照附录A所列旁站项目开展工艺过程旁站,其中又适当减少了旁站项目。旁站的目的已转变为主要是验证施工方案、工艺、过程控制措施等的合理性。当然,对独立大型桥梁、隧道等特殊工程,也允许适当调整旁站项目,这需要在合同中明确。

根据定义,检测见证作为对检测过程的一种旁站,也列入本条。关键项目是指《公路工程质量检验评定标准 第一册 土建工程》(JTG F80/1—2004)规定的"分项工程中对结构安全、耐久性和主要使用功能起决定性作用的检查项目,在本标准中以'△'标识。"

原规范第5.1.10条规定:"旁站监理人员应重点对旁站项目的工艺过程进行监督,并对本规范第5.1.9条规定的内容进行检查",即其检查的内容与巡视相同,本次修订不再重复强调。

原规范中旁站项目完工后应组织检查验收的要求,主要内容与原"5.1.8

关键工序签认"重复,进行了合并、列入隐蔽工程验收。而对旁站的试验段(试验工程),有关施工技术标准中给出了检查、检验、验收、总结等的规定。

5.2 质量监理

5.2.1 监理工程师应审查施工单位提交的施工测量放线数据和成果,对从基准点引出的工程控制桩的重点桩位应复测不少于30%,经复测不符合规定时应要求其重新测设。

【桩位复测】

原规范规定:"监理工程师应检查施工单位使用的测量仪器是否按规定进行了校准,审查其提交的施工测量放线数据、图表及放线成果并予以批复。监理工程师应对从基准点引出的工程控制桩进行复测,对施工放线的重点桩位100%复测,其他桩位不低于30%抽测。"

本次修订修改为"对从基准点引出的工程控制桩的重点桩位应复测不少于30%",删除"其他桩位不低于30%抽测"。

重点桩位是指主要结构物控制桩位和路中线控制点等。

同时可参见本手册第4.2.6条的说明。

5.2.2 监理机构应审查施工单位报审的原材料和混合料试验资料,对主要原材料独立取样进行平行试验,对主要混合料的配合比和路基填料的击实试验结果进行验证,审验合格、经批复后方可在工程上使用。

【审验材料】

事前的审验不同于施工过程中的现场抽检,因此应提前安排,并留有符合有关规定的试验时间。

明确对"主要"原材料独立取样进行平行试验,对主要混合料的配合比试验结果进行试验验证,主要原材料和主要混合料见本节第5.2.3条所列,即

"钢筋、水泥、沥青、石灰和碎石等原材料及水泥混凝土、沥青混合料和无机结合料稳定材料等混合料"。监理的材料试验是针对常规、关键质量指标而非全部指标。

明确了对路基填料击实试验结果进行验证并论证取值的要求,体现高度重视路基等压实的控制。

删除了对"商品"混凝土等的审查要求,不需特别对待。

原规范规定:"监理工程师应审查施工单位申报的原材料、混合料试验资料,对原材料应独立取样进行平行试验;对混合料可在施工单位标准试验的基础上进行试验验证,必要时做标准试验,在合同规定的期限内予以批复。监理工程师应对施工单位申请使用的商品混凝土或商品混合料配合比进行审查,并进行试验验证。"

现行《施工合同》通用合同条款中约定:"承包人应按合同约定进行材料、工程设备和工程的试验和检验,并为监理人对上述材料、工程设备和工程的质量检查提供必要的试验资料和原始记录。按合同约定应由监理人与承包人共同进行试验和检验的,由承包人负责提供必要的试验资料和原始记录。"

5.2.3 监理机构应在施工单位自检合格的基础上按下列规定进行抽检,并填写抽检记录(格式见附录B.3):

1 对钢筋、水泥、沥青、石灰和碎石等原材料及水泥混凝土、沥青混合料和无机结合料稳定材料等混合料,抽检频率按批次应不低于规定施工检验频率的10%。

2 对分项工程中的关键项目和结构主要尺寸,抽检频率应不低于规定施工检验频率的20%。

3 当监理工程师对工程材料或实体质量有疑问时,应进行抽检。

【抽检】

本条强调抽检应在施工单位自检合格的基础上进行,是因为按照法律法规的规定,施工单位对材料、工程设备质量、施工质量负责。《建设工程质量管理条例》第二十九条规定："施工单位必须按照工程设计要求、施工技术标准和合同约定,对建筑材料、建筑构配件、设备和商品混凝土进行检验,检验应当有书面记录和专人签字;未经检验或者检验不合格的,不得使用。"现行《施工合同》通用合同条款中约定："承包人应按照法律规定和发包人的要求,对材料、工程设备以及工程的所有部位及其施工工艺进行全过程的质量检查和检验,并作详细记录,编制工程质量报表,报送监理人审查。""监理人按照法律规定和发包人授权对工程的所有部位及其施工工艺、材料和工程设备进行检查和检验。承包人应为监理人的检查和检验提供方便,包括监理人到施工现场,或制造、加工地点,或合同约定的其他地方进行察看和查阅施工原始记录。监理人为此进行的检查和检验,不免除或减轻承包人按照合同约定应当承担的责任。"

本次修订在附录 B 监理记录中增补的《抽检记录》,是对抽检过程、抽检结果和处理情况等的记录,而不是材料试验或现场检测的记录。试验、检测记录或报告可以作为《抽检记录》的附件。

明确了主要原材料(钢筋、水泥、沥青、石灰和碎石)和主要混合料(水泥混凝土、沥青混合料和无机结合料稳定材料)。在结合第 5.2.2 条审验的基础上,调低了抽检频率,删减了对"其余材料"抽检的要求。

在公路工程质量检验评定取消评分制、采用合格率法后,监理机构不需对分项工程全部实测项目进行抽检也能评定,使得只针对关键项目和结构主要尺寸等进行抽检具备了条件。目前,在新的检评标准正式发布实施前,对分项工程的抽检项目,仍可按现行《公路工程质量检验评定标准》(JTG F80)规定的权值法,计算出分项工程得分。

原规范条文说明中指出："本条所指'抽检',是指在施工过程中,监理人员对已批准使用的原材料、混合料和已完工的实体工程质量进行的抽查检测、测量和取样试验。该'抽检频率'仅适用于每个检测项目的检测、测量和取样试验的次数,而对各种原材料、混合料和每个单位、分部、分项工程及所有规定的检测项目要全部抽检。"

基本要求等检验项目中往往包含对材料的要求,材料质量主要指标往往也是关键项目。当分项工程中的关键项目同时是主要混合料的抽检指标时(如混凝土强度),则无须重复抽检或采用不同方法进行现场实体检测。

对质量有怀疑时进行抽检,是监理工程师的权利,也是责任。

原规范规定:"监理工程师应按规定重点对施工过程中使用的水泥、钢材、沥青、石灰、粉煤灰、砂砾、碎石等主要原材料及各种混合料进行抽检,抽检频率应不低于施工单位自检频率的20%,其余材料应不低于10%;对已完工程实体质量的抽检频率应不低于施工单位自检频率的20%。"

5.2.4 对施工单位外部采购和委托制作的主要工程构配件或设备,监理工程师应核查产品合格证明文件和施工单位自检报告,进场后对关键项目进行抽检,验收合格后方可使用。对在施工现场不具备检测条件的,监理工程师应按合同约定到厂监督检验。

【构配件验收】

将原规范第9.2.2条"厂验"部分内容纳入,原规范还规定:"监督检测频率不得低于15%,当设备数量少于等于3台件时宜逐台检测。"

现行《施工合同》通用合同条款中约定:"承包人采购的材料和工程设备,应保证产品质量合格,承包人应在材料和工程设备到货前24小时通知监理人检验。承包人进行永久设备、材料的制造和生产的,应符合相关质量标准,并向监理人提交材料的样本以及有关资料,并应在使用该材料或工程设备之前获得监理人同意。"

5.2.5 监理工程师应对施工单位报验的隐蔽工程进行检查验收、留存影像资料,未经验收或验收不合格的不得进行下一道工序施工。

【隐蔽工程验收】

原规范第5.1.10条"旁站"中要求"旁站项目完工后,监理工程师应组织检查验收,验收合格方可进行下道工序施工。"第5.1.12条"关键工序签认"

中又针对"完工后无法检验的关键工序"。本次修订进行了合并,同时采用了通行的"隐蔽工程"一词,指分项工程中需要覆盖、完工后无法检验的关键工序,也包括了有关旁站项目。

《建设工程质量管理条例》第三十条规定:"施工单位必须建立、健全施工质量的检验制度,严格工序管理,做好隐蔽工程的质量检查和记录。隐蔽工程在隐蔽前,施工单位应当通知建设单位和建设工程质量监督机构。"当然应该包括监理机构。

现行《施工合同》通用合同条款中对"隐蔽工程检查"有以下约定:

"5.3.1　承包人自检

"承包人应当对工程隐蔽部位进行自检,并经自检确认是否具备覆盖条件。

"5.3.2　检查程序

"除专用合同条款另有约定外,工程隐蔽部位经承包人自检确认具备覆盖条件的,承包人应在共同检查前48小时书面通知监理人检查,通知中应载明隐蔽检查的内容、时间和地点,并应附有自检记录和必要的检查资料。

"监理人应按时到场并对隐蔽工程及其施工工艺、材料和工程设备进行检查。经监理人检查确认质量符合隐蔽要求,并在验收记录上签字后,承包人才能进行覆盖。经监理人检查质量不合格的,承包人应在监理人指示的时间内完成修复,并由监理人重新检查,由此增加的费用和(或)延误的工期由承包人承担。

"除专用合同条款另有约定外,监理人不能按时进行检查的,应在检查前24小时向承包人提交书面延期要求,但延期不能超过48小时,由此导致工期延误的,工期应予以顺延。监理人未按时进行检查,也未提出延期要求的,视为隐蔽工程检查合格,承包人可自行完成覆盖工作,并作相应记录报送监理人,监理人应签字确认。监理人事后对检查记录有疑问的,可按第5.3.3项〔重新检查〕的约定重新检查。"

5.2.6　驻地办在收到分项工程交工或中间交工验收申请后,应对施工单位的检验评定资料进行检查,组织施工单位在监理抽检、检测见证和隐蔽工程验收基础上进行质量评定,对评定合格的签发《分项工程(中间)交工证书》(格式见附录C)。同一个分项工程中间验收不宜超过2次。

【分项工程交工】

本条包括分项工程验收和分项工程中间验收两部分内容。

应根据现行《公路工程质量检验评定标准》(JTG F80)等开展工程质量检验评定即分层次的验收。分项工程质量评定由驻地办组织施工单位进行,其主要依据是监理抽检、检测见证和隐蔽工程验收等结果,结合巡视、旁站等情况。

分段、分阶段进行中间检验评定的要求与分项工程相同。

由于施工中有的中间验收过于频繁、分散、随意,造成监理工作量增大,为此对次数进行了限制。即使如典型的土方路基和涵洞分项工程,分层填筑的层数较多或涵洞数量较多时,除非分段不同步完成或中途需要长时间停工,否则也不应为了计量而按中间交工验收处理。

需要注意的是,根据有关法律法规和公路工程施工技术标准的规定,施工过程中的质量控制检查和完工后的验收检查,许多要求是不同的,简单对比情况见表5-3。

过程检查与验收检查的异同对比表　　　　表5-3

	项　目	过程检查	验收检查	备注
1	时间	事前+事中	事后	
2	目的	消除缺陷+控制质量	评价质量	
3	依据	施工规范+检评标准	检评标准+验收办法	
4	方法	抽查+缺陷检查	随机抽查	
5	项目	全部	可见	
6	指标	合格值	规定值+合格值+极限值	
7	评价标准	点点合格	合格率+数理统计	
8	处理	改进、修复	返工	

单就评价指标和标准来说,以高速公路的土方路基压实度为例,对路床规

定值为≥96%。在过程检查时,要求点点合格,即每个测定值都不小于规定值。在验收检查时,按照检评标准规定,评定路段内的压实度平均值下置信界限不得小于规定标准,单个测定值不得小于极值(表列规定值减5个百分点)。不小于表列规定值2个百分点的测点,按其数量占总检查点计算百分率。

5.2.7 驻地办应及时对已完分部工程进行质量检验评定,总监办应及时组织对单位工程和合同段进行质量评定。

【质量检验评定】

现行《公路工程竣(交)工验收办法》(交通部令2004年第3号)第十二条规定:"项目法人组织监理单位按《公路工程质量检验评定标准》的要求对各合同段的工程质量进行评定。"

应根据工程验收办法和现行《公路工程质量检验评定标准》(JTG F80)等进行分部工程、单位工程、合同段工程质量的评定。

评定分部、单位工程质量时的要求,按照检评标准的规定增加综合评定和外观质量检查等。即:分项工程检查内容包括检验记录、所含实测项目、外观质量和质量保证资料,分部工程检查内容包括评定资料、所含实测项目和外观质量,单位工程检查内容包括评定资料、所含分部工程的质量和外观质量。

因此,监理机构不从分项工程评起、直接以分部工程为单元进行评定时的要求主要包括:质量保证资料应齐全完整,抽检的所含分项工程中的关键项目和结构主要尺寸均应合格,外观质量(可见的分项工程)应符合要求等。

通过这项调整,初步达到了精简内业工作量的要求。

5.2.8 监理机构在监理过程中发现施工不符合法律法规、技术标准及施工合同约定的,应要求施工单位改正,并应符合下列规定:

1 质量不合格的材料、构配件不得在工程上使用。

2 对工程质量缺陷,监理机构应签发监理指令单(格式见附录D),要求施工单位整改。

  3 对质量不合格的工程,监理机构应签发监理指令单,要求施工单位返工处理。

  4 对可能危及结构安全或存在重大隐患的质量问题,应签发停工令并向建设单位报告。

  5 当发生质量事故时,监理机构应依法按有关规定报告和处理。

  6 监理机构应建立质量问题处理台账。

【质量问题处理】

  根据有关法律法规,监理机构没有对质量事故处理的职责和权限,因此将原规范中"质量事故处理"修改为质量问题处理。内容针对监理人员在审查、巡视、旁站、抽检和验收等过程中发现的质量问题、质量缺陷及不合格的工程、材料和构配件等,从而把监理的质量否决权落到实处。

  《建筑法》第三十二条规定:"工程监理人员认为工程施工不符合工程设计要求、施工技术标准和合同约定的,有权要求建筑施工企业改正。"

  《建设工程质量管理条例》第二十九条规定:"施工单位必须按照工程设计要求、施工技术标准和合同约定,对建筑材料、建筑构配件、设备和商品混凝土进行检验,检验应当有书面记录和专人签字;未经检验或者检验不合格的,不得使用。"第三十二条规定:"施工单位对施工中出现质量问题的建设工程或者竣工验收不合格的建设工程,应当负责返修。"另外,其罚则中第六十四条规定:"违反本条例规定,施工单位在施工中偷工减料的,使用不合格的建筑材料、建筑构配件和设备的,或者有不按照工程设计图纸或者施工技术标准施工的其他行为的,责令改正,处工程合同价款百分之二以上百分之四以下的罚款;造成建设工程质量不符合规定的质量标准的,负责返工、修理,并赔偿因此造成的损失;情节严重的,责令停业整顿,降低资质等级或者吊销资质证书。"

  现行《施工合同》通用合同条款中的有关约定如下:

  "8.3.2 承包人采购的材料和工程设备不符合设计或有关标准要求时,承包人应在监理人要求的合理期限内将不符合设计或有关标准要求的材料、工程设备运出施工现场,并重新采购符合要求的材料、工程设备,由此增加的费用和(或)延误的工期,由承包人承担。

"8.5.1 监理人有权拒绝承包人提供的不合格材料或工程设备,并要求承包人立即进行更换。监理人应在更换后再次进行检查和检验,由此增加的费用和(或)延误的工期由承包人承担。

"8.5.2 监理人发现承包人使用了不合格的材料和工程设备,承包人应按照监理人的指示立即改正,并禁止在工程中继续使用不合格的材料和工程设备。

"5.1.3 因承包人原因造成工程质量未达到合同约定标准的,发包人有权要求承包人返工直至工程质量达到合同约定的标准为止,并由承包人承担由此增加的费用和(或)延误的工期。"

5.3 安全监理

规范工程施工安全生产管理的法律法规有很多,但直接明确监理单位安全责任的主要是《建设工程安全生产管理条例》,其第十四条规定如下:

"工程监理单位应当审查施工组织设计中的安全技术措施或者专项施工方案是否符合工程建设强制性标准。

"工程监理单位在实施监理过程中,发现存在安全事故隐患的,应当要求施工单位整改;情况严重的,应当要求施工单位暂时停止施工,并及时报告建设单位。施工单位拒不整改或者不停止施工的,工程监理单位应当及时向有关主管部门报告。

"工程监理单位和监理工程师应当按照法律、法规和工程建设强制性标准实施监理,并对建设工程安全生产承担监理责任。"

以此为依据,交通运输部《公路水运工程安全生产监督管理办法》中细化、补充的有关规定内容如下:

"第十八条 监理单位应当按照法律、法规和工程建设强制性标准进行监理,对工程安全生产承担监理责任。应当编制安全生产监理计划,明确监理人员的岗位职责、监理内容和方法等。对危险性较大的工程作业应当加强巡视检查。

"监理单位应当审查施工组织设计中的安全技术措施或者专项施工方案是否符合工程建设强制性标准。监理单位在实施监理过程中,发现存在安全事故隐患的,应当要求施工单位整改,必要时,可下达施工暂停指令并向建设单位和有关部门报告。

"监理单位应当填报安全监理日志和监理月报。"

5.3.1 监理机构应确定主要安全监理人员并明确其岗位职责、监理内容等。

【安全监理人员】

本规范第4.1.1条监理计划中已经明确主要安全监理人员和相关要求,本条又进行了突出强调。亦即落实《公路水运工程安全生产监督管理办法》第十八条的要求。

5.3.2 安全监理工程师应审查施工组织设计中的安全技术措施或专项施工方案是否符合工程建设强制性标准,应同时审查应急预案、桥梁和隧道等施工安全风险评估报告。对危险性较大工程的专项施工方案中需专家论证、审查的,应检查施工单位组织专家论证、审查的情况。

【审查安全方案】

《建设工程安全生产管理条例》中的有关规定如下:

"第二十六条 施工单位应当在施工组织设计中编制安全技术措施和施工现场临时用电方案,对下列达到一定规模的危险性较大的分部分项工程编制专项施工方案,并附具安全验算结果,经施工单位技术负责人、总监理工程师签字后实施,由专职安全生产管理人员进行现场监督:

(一)基坑支护与降水工程;

（二）土方开挖工程；

（三）模板工程；

（四）起重吊装工程；

（五）脚手架工程；

（六）拆除、爆破工程；

（七）国务院建设行政主管部门或者其他有关部门规定的其他危险性较大的工程。

"对前款所列工程中涉及深基坑、地下暗挖工程、高大模板工程的专项施工方案，施工单位还应当组织专家进行论证、审查。

"本条第一款规定的达到一定规模的危险性较大工程的标准，由国务院建设行政主管部门会同国务院其他有关部门制定。"

在此基础上，《公路水运工程安全生产监督管理办法》中的有关规定如下：

"第二十三条　施工单位应当在施工组织设计中编制安全技术措施和施工现场临时用电方案，对下列危险性较大的工程应当编制专项施工方案，并附安全验算结果，经施工单位技术负责人、监理工程师审查同意签字后实施，由专职安全生产管理人员进行现场监督：

（一）不良地质条件下有潜在危险性的土方、石方开挖；

（二）滑坡和高边坡处理；

（三）桩基础、挡墙基础、深水基础及围堰工程；

（四）桥梁工程中的梁、拱、柱等构件施工等；

（五）隧道工程中的不良地质隧道、高瓦斯隧道、水底海底隧道等；

（六）水上工程中的打桩船作业、施工船作业、外海孤岛作业、边通航边施工作业等；

（七）水下工程中的水下焊接、混凝土浇注、爆破工程等；

（八）爆破工程；

（九）大型临时工程中的大型支架、模板、便桥的架设与拆除；桥梁、码头的加固与拆除；

（十）其他危险性较大的工程。

"必要时，施工单位对前款所列工程的专项施工方案，还应当组织专家进行论证、审查。"

《公路工程施工安全技术规范》（JTG F90—2015）附录 A 危险性较大的工程分为"需编制专项施工方案"和"需专家论证、审查"两类，主要内容见表 5-4。

危险性较大的工程的分类表　　　　表 5-4

类别		需编制专项施工方案	需专家论证审查	
基坑开挖、支护、降水工程	1	开挖深度不小于 3m 的基坑（槽）开挖、支护、降水工程	5m	√
	2	深度小于 3m 但地质条件和周边环境复杂的基坑（槽）开挖、支护、降水工程		
滑坡处理和填、挖方路基工程	3	滑坡处理	中型及以上	√
	4	边坡高度大于 20m 的路堤或地面斜坡坡率陡于 1：2.5 的路堤，或不良地质地段、特殊岩土地段的路堤	"或"改"且"	√
	5	土质挖方边坡高度大于 20m，岩质挖方边坡高度大于 30m，或不良地质、特殊岩土地段的挖方边坡		
基础工程	6	桩基础	15m	√
	7	挡土墙基础	6m、1 200m²	√
	8	沉井等深水基础	20m	√
大型临时工程	9	围堰工程	10m	√
	10	各类工具式模板工程	40m	√
	11	支架高度不小于 5m；跨度不小于 10m，施工总荷载不小于 10kN/m²；集中线荷载不小于 15kN/m	8m、18m	√
	12	搭设高度 24m 及以上的落地式钢管脚手架工程；附着式整体和分片提升脚手架工程；悬挑式脚手架工程；吊篮脚手架工程；自制卸料平台、移动操作平台工程；新型及异型脚手架工程	50m 猫道、移动模架	√
	13	挂篮		
	14	便桥、临时码头		
	15	水上作业平台		

续上表

类别		需编制专项施工方案	需专家论证审查	
桥涵工程	16	桥梁工程中的梁、拱、柱等构件施工	40m	√
	17	打桩船作业		
	18	施工船作业		
	19	边通航边施工作业	三级及以上	√
	20	水下工程中的水下焊接、混凝土浇注等		
	21	顶进工程		
	22	上跨或下穿既有公路、铁路、管线施工	转体施工	√
隧道工程	23	不良地质隧道		√
	24	特殊地质隧道		√
	25	浅埋、偏压及邻近建筑物等特殊环境条件隧道		√
	26	Ⅳ及以上软弱围岩地段的大跨度隧道	18m	√
	27	小净距隧道		√
	28	瓦斯隧道	浓度高或突出	√
起重吊装工程	29	采用非常规设备、方法,且单件起吊重量在10kN及以上的起重吊装工程	100kN	√
	30	采用起重机械进行安装的工程		
	31	起重机械设备自身的安装、拆卸	300kN	√
拆除、爆破工程	32	桥梁、隧道拆除工程	大桥、一级公路	√
	33	爆破工程	C级	√

注:需专家论证审查的项目未全部摘录,需查规范原文。"√"表示该项需专家论证审查,其中的数字、等级表示规模范围的限制调整。

《关于开展公路桥梁和隧道工程施工安全风险评估试行工作的通知》中要求:"重大风险源的监控与防治措施、应急预案经施工企业技术负责人和项目总监理工程师审批后,由建设单位组织论证或复评估。""监理单位在审查工程施工组织设计文件、危险性较大工程专项施工方案、应急预案时,应同时审查施工安全风险评估报告;无风险评估报告,不得签发开工令。"

现行《施工合同》公路工程专用条款中约定:"承包人应根据本工程的实际安全施工要求,编制施工安全技术措施,并在签订合同协议书后28天内,报监理人和发包人批准。"

5.3.3 监理机构应检查施工单位安全生产责任制、安全生产规章制度的建立和落实情况,以及重大危险源安全管理和生产安全事故隐患排查治理情况;应核查施工单位项目负责人、专职安全生产管理人员和特种作业人员的资格,以及施工机械设备和设施的安全许可验收手续。

【安全检查】

《安全生产法》第三十七条规定:"生产经营单位对重大危险源应当登记建档,进行定期检测、评估、监控,并制定应急预案,告知从业人员和相关人员在紧急情况下应当采取的应急措施。"第三十八条规定:"生产经营单位应当建立健全生产安全事故隐患排查治理制度,采取技术、管理措施,及时发现并消除事故隐患。事故隐患排查治理情况应当如实记录,并向从业人员通报。"

《建设工程安全生产管理条例》对施工单位的安全责任等有相应的规定,并应在《施工合同》中进一步明确。

《公路工程施工安全技术规范》(JTG F90—2015)附录D列有特殊作业人员范围,附录F为特种设备名录,可参考。

5.3.4 监理机构应检查施工单位危险性较大工程的专项施工方案的实施情况。发现未按专项施工方案实施时,应签发监理指令单,要求施工单位整改。

【检查专项方案实施】

经审查批准的专项施工方案的实施情况当然是安全监理的重点检查内容,因此专门强调。

此外,国家安全监管总局、交通运输部、国务院国资委、国家铁路局联合于2014年9月印发《隧道施工安全九条规定》(安监总管二〔2014〕104号),现摘录如下供参考:

"一、必须证照齐全,严禁无资质施工、转包、违法分包和人员不经教育培训上岗作业。

"二、必须按照标准规范和设计要求编制专项施工方案,确保按方案组织实施,严禁擅自改变施工方法。

"三、必须强化施工工序和现场管理,确保支(防)护到位,严禁支护滞后和安全步距超标。

"四、必须落实超前水文地质探测预报各项规定,监控量(探)测数据超标立即停工撤人,严禁冒险施工作业。

"五、必须对有毒有害气体进行监测监控,加强通风管理,严禁浓度超标施工作业。

"六、必须严格控制现场作业人数,掘进作业面应实施机械化作业,严禁超员组织施工作业。

"七、必须按照规定设置逃生通道,严禁在安全设施不到位的情况下施工作业。

"八、必须按照规定严格民用爆炸物品管理,严禁在施工现场违规运输、存放和使用民用爆炸物品。

"九、必须按照规定制定应急预案、配备救援装备,严禁事故发生后违章指挥、冒险施救。"

5.3.5 监理机构在监理过程中发现存在安全事故隐患的,应要求施工单位整改;情况严重的,应要求施工单位停止施工,并及时报告建设单位。施工单位拒不整改或者不停止施工的,监理机构应及时向有关监管部门报告。

【事故隐患处理】

本条即《建设工程安全生产管理条例》第十四条第二款的规定。

《安全生产法》第三十八条规定:"生产经营单位应当建立健全生产安全事故隐患排查治理制度,采取技术、管理措施,及时发现并消除事故隐患。事故隐患排查治理情况应当如实记录,并向从业人员通报。"

5.3.6 分项工程交验时,安全事故的现场处理未完成的,不得签发《分项工程(中间)交工证书》。

【安全事故处理】

《安全生产法》、《生产安全事故报告和调查处理条例》等对生产安全事故的调查处理有明确的规定。本条仅对有关监理工作程序进行了限制。

5.3.7 监理机构应由专人负责建立安全监理台账,及时记录安全专项检查和巡视、旁站中涉及施工安全管理的情况、存在问题、监理指令及施工单位处理情况等。

【安全监理台账】

安全监理台账是直观反映专职、兼职安全监理人员履行职责与否的重要记录和证明,因此要求规范、详尽、及时汇总记录。

原规范第5.2.5条规定:"监理机构应建立施工安全监理检查台账,并由专人负责。监理人员应将每次巡视、检查、旁站中,发现的涉及施工安全的情况、存在的问题、监理的指令及施工单位处理的措施和结果及时记入台账。总监理工程师和驻地监理工程师应定期检查施工安全监理台账记录情况。"

5.4 环保监理

5.4.1 监理工程师应审查施工组织设计中是否按施工合同约定制定了防止、减少环境污染和生态破坏的措施。

【审查环保措施】

《环境保护法》中所称环境,是指影响人类生存和发展的各种天然的和经过人工改造的自然因素的总体,包括大气、水、海洋、土地、矿藏、森林、草原、湿地、野生生物、自然遗迹、人文遗迹、自然保护区、风景名胜区、城市和乡村等。

《环境影响评价法》中所称环境影响评价,是指对规划和建设项目实施后可能造成的环境影响进行分析、预测和评估,提出预防或者减轻不良环境影响的对策和措施,进行跟踪监测的方法与制度。

公路工程环保监理主要包括施工单位防止、减少环境污染和生态破坏等环保措施的制定和落实情况,也包括工程项目中防治污染的设施情况。《环境保护法》第四十一条规定:"建设项目中防治污染的设施,应当与主体工程同时设计、同时施工、同时投产使用。"

交通部2007年印发了《关于在公路水运工程建设监理中增加施工安全监理和施工环保监理内容的通知》(交质监发〔2007〕158号)。在交通部《关于开展交通工程环境监理工作的通知》(交环发〔2004〕314号)中曾指出:"工程环境监理主要包括环保达标监理和环保工程监理。环保达标监理是使主体工程的施工符合环境保护的要求,如噪声、废气、污水等排放应达到有关的标准等。环保工程监理包括生态环境保护,水土保持,自然保护区、风景名胜区、水源保护区等地的保护,包括污水处理设施、声屏障、边坡防护、排水工程、绿化等在内的环保设施建设的监理。"

现行《施工合同》通用合同条款中约定:"承包人应在施工组织设计中列明环境保护的具体措施。在合同履行期间,承包人应采取合理措施保护施工现场环境。对施工作业过程中可能引起的大气、水、噪声以及固体废物污染采取具体可行的防范措施。"

5.4.2　监理人员应检查施工单位环保措施的落实情况,包括下列主要内容:

1　是否落实了施工环保责任人,是否对施工人员进行了环保教育。

2　施工场地布设、材料堆场设置和公路废旧材料处理是否符合环保要求。

3　施工通道、临时便道、料场等在干燥易扬尘时是否洒水降尘。

4　施工废渣、废料、废水和生活垃圾等的处置是否符合设计要求。

5　是否落实水土保持措施,是否在拟定的取弃土场作业,取弃土完工后是否进行了防护和植被恢复。

【环保检查】

现行《施工合同》"技术规范"中有关环境保护的规定内容包括："1.一般要求;2.文物保护;3.防止水土流失和废料废方处理;4.防止和减轻水、大气受污染;5.保护绿色植被;6.土地资源的保护;7.现有公用设施的保护。"这些要求也会随着法律法规的调整而变化,施工单位应该严格执行、落实。

现行《施工合同》公路工程专用条款中有关环境保护的约定摘要如下：

"9.4.7 承包人应切实执行技术规范中有关环境保护方面的条款和规定。

"9.4.8 在整个施工过程中对承包人采取的环境保护措施,发包人和监理人有权监督,并向承包人提出整改要求。

"9.4.9 在施工期间,承包人应随时保持现场整洁,施工设备和材料、工程设备应整齐妥善存放和储存,废料与垃圾及不再需要的临时设施应及时从现场清除、拆除并运走。

"9.4.10 在施工期间,承包人应严格遵守《关于在公路建设中实行最严格的耕地保护制度的若干意见》的相关规定,规范用地、科学用地、合理用地和节约用地。

"9.4.11 承包人应严格按照国家有关法规要求,做好施工过程中的生态保护和水土保持工作。"

5.4.3 监理工程师应检查施工单位是否依法取得树木砍伐许可,并按许可面积或数量进行砍伐;应督促施工单位依法保护植被、水域和自然景观。

【树木、自然保护】

《环境保护法》第三十五条规定："城乡建设应当结合当地自然环境的特点,保护植被、水域和自然景观,加强城市园林、绿地和风景名胜区的建设与管理。"

5.4.4 监理机构在监理过程中发现施工违反有关环保法律法规、未按合同要求落实环保措施的,应要求施工单位整改;情况严重的,应签发停工令要求施工单位停工,并向建设单位报告。

【环保问题处理】

现行《施工合同》通用合同条款中约定:"承包人应当承担因其原因引起的环境污染侵权损害赔偿责任,因上述环境污染引起纠纷而导致暂停施工的,由此增加的费用和(或)延误的工期由承包人承担。"

5.5 费用监理

按照原规范中的说明,"监理工程师对费用监理已基本熟悉并取得一些经验,因此工程量清单、工程计量、工程支付的范围、原则,方式及程序等未再编入本规范。"实际上,目前我国多数公路工程项目的计量、支付方式已与原世行、亚行等贷款项目有了本质的区别,而主要应该执行《施工合同》的约定。

5.5.1 监理机构应以质量合格、手续齐全且符合结构安全和环保要求作为计量支付的先决条件。未经总监批准不得支付。

【计量支付条件】

计量与支付的先决条件是已完分项、分部工程质量经过施工单位自检和监理验收,确认工程质量合格,且质量保证资料、评定资料齐全有效,同时符合安全和环保监理的规定。

5.5.2 监理机构在按合同约定进行计量、支付时,计量、支付项目应不重、不漏,数量应准确。

【计量支付要求】

现行《施工合同》通用合同条款中约定的计量原则是:"工程量计量按照合同约定的工程量计算规则、图纸及变更指示等进行计量。工程量计算规则应以相关的国家标准、行业标准等为依据,由合同当事人在专用合同条款中约定。"

5.5.3 监理机构收到施工单位计量申请后应按下列规定及时进行计量:

1 应根据施工合同约定、核定的工程量清单和签发的《分项工程(中间)交工证书》等进行计量,确定实际完成的工作量。

2 对路基基底处理、结构物基础基底处理等有争议需要现场确认的项目,应会同建设、设计、施工等单位现场计量确定。

【计量】

现行《施工合同》通用合同条款中约定:"监理人应在收到承包人提交的工程量报告后 7 天内完成对承包人提交的工程量报表的审核并报送发包人,以确定当月实际完成的工程量。监理人对工程量有异议的,有权要求承包人进行共同复核或抽样复测。承包人应协助监理人进行复核或抽样复测,并按监理人要求提供补充计量资料。承包人未按监理人要求参加复核或抽样复测的,监理人复核或修正的工程量视为承包人实际完成的工程量。"

5.5.4 监理机构收到施工单位提交的工程支付申请后,应按合同约定进行复核,经总监审核后签发支付证书,并报建设单位。

【支付】

施工单位提交的支付申请中附有相关各项支持文件资料。监理工程师签发支付证书的时限是合同规定的内容。

现行《施工合同》通用合同条款中约定:"除专用合同条款另有约定外,监理人应在收到承包人进度付款申请单以及相关资料后 7 天内完成审查并报送发包人,发包人应在收到后 7 天内完成审批并签发进度款支付证书。发包人逾期未完成审批且未提出异议的,视为已签发进度款支付证书。"

5.5.5 监理机构应建立计量支付台账,按月对计量支付数量与计划数量进行比较分析,发现明显差异时应提出调整建议,并报建设单位。

【计量支付台账】

监理机构建立该台账的主要依据包括合同中工程量清单内的数量、单价、金额,以及经建设单位批准的清单核算,随时发生的变化要与计量支付申请、批准的数量和金额相一致,在此基础上进行定期比较分析和动态管理。

5.6 进度监理

5.6.1 进度监理应在保证工程质量和安全的基础上以监督施工单位进度计划控制为主线进行。

【进度监理原则】

进度控制主要是计划控制,包括计划制订、审批、实施、检查和调整等。

进度监理主要是对施工单位计划控制的监督检查,结合合同事项管理进行。当发现问题和违约风险时应要求进行纠正。

现行《施工合同》通用合同条款中约定:"承包人应按照第7.1款〔施工组织设计〕约定提交详细的施工进度计划,施工进度计划的编制应当符合国家法律规定和一般工程实践惯例,施工进度计划经发包人批准后实施。施工进度计划是控制工程进度的依据,发包人和监理人有权按照施工进度计划检查工程进度情况。"

5.6.2 监理机构应审批施工单位提交的进度计划,总体进度计划应由总监审批,月进度计划等应由驻地监理工程师审批并报总监办。审查施工进度计划应包括下列内容:

1 是否符合施工合同工期管理约定,阶段性施工进度计划是否满足总体进度目标控制要求。

2 主要工程项目是否有遗漏,劳动力、材料、机械设备等是否满足进度需要。

3 是否适合建设单位提供的资金、施工场地等条件。

【审批进度计划】

进度主要用持续时间(工期)表示,或者用工程量、价值量(资金流量)等表示。进度管理软件等为监理工程师编制、核算网络计划、细化或补充具体要求提供了便捷手段。进度计划除工期图表外,还包括资源供应和相关保证措施等。

本规范增补了审查的基本内容。进度计划审批主要以合同文件、工艺周期、工期定额、主要构配件及设备供应期限、气候环境条件、征地拆迁计划、其他现场实际状况等为依据。对于总体进度计划和关键阶段工程进度计划,在批准前还要征求建设单位意见。

现行《施工合同》公路工程专用合同条款中约定:"承包人向监理人报送施工进度计划和施工方案说明的期限:签订合同协议书后28天之内。监理人应在14天内对承包人施工进度计划和施工方案说明予以批复或提出修改意见。合同进度计划应按照关键线路网络图和主要工作横道图两种形式分别编绘,并应包括每月预计完成的工作量和形象进度。承包人应在每年11月底前,根据已同意的合同进度计划或其修订的计划。向监理人提交2份格式和内容符合监理人规定的下一年度的施工计划,以供审查。"

5.6.3 监理机构应检查施工进度计划的执行情况,按月通过实际进度与计划进度的比较进行分析评价,主要结论应写入监理月报。

【进度检查】

进度计划批准后,监理工程师的主要工作是监督重点进度计划的执行情况,分析实际进度与计划进度的偏差及其产生原因,定期进行评价并告知建设单位。

5.6.4 进度计划调整应符合下列规定:

1 对总体进度起控制作用的分项工程的实际进度严重滞后时,监理机构应签发监理指令单,要求施工单位采取措施保证工程进度,并向建设单位报告工期延误风险。需要调整进度计划的应重新审批。

2 由于施工单位原因造成工程进度延误,且在监理机构签发监理指令后未有明显改进、工程在合同工期内难以完成的,监理机构应及时向建设单位报告,并按合同约定处理。

3 建设单位或施工单位提出工程进度重大调整时,应按合同或签订的补充合同执行。

【进度计划调整】

现行《施工合同》通用合同条款中约定:"施工进度计划不符合合同要求或与工程的实际进度不一致的,承包人应向监理人提交修订的施工进度计划,并附具有关措施和相关资料,由监理人报送发包人。除专用合同条款另有约定外,发包人和监理人应在收到修订的施工进度计划后7天内完成审核和批准或提出修改意见。发包人和监理人对承包人提交的施工进度计划的确认,不能减轻或免除承包人根据法律规定和合同约定应承担的任何责任或义务。"

公路工程专用合同条款中约定:"承包人提交合同进度计划修订申请报告,并附有关措施和相关资料的期限:实际进度发生之后的当月25日前。监理人批复修订合同进度计划的期限:收到修订合同进度计划后14天内。"

5.7 机电工程监理

5.7.1 机电工程监理除应按本章第5.1~5.6节的有关规定执行外,尚应按本节规定进行软件开发、系统功能测试及试运行期的监理。

【机电工程监理要求】

原规范第9章"机电工程监理"中的内容多属重复和引用。根据调研、对比分析和实际工作需要,总结了公路机电工程监理与土建工程监理的主要差别,在于施工周期较短且靠后,侧重产品及设备采购、安装、调试、功能测试和软件开发,需要经过试运行后方可交工等。为此,全部删减了重复和引用的内容,突出、保留了确需增加的内容共3项,即软件开发监理、系统检验测试和试运行期监理,并作为一节纳入本章。

机电工程试运行是在机电工程合同段交工验收前完成,因此试运行期属于施工阶段的后期,而不属于验收与缺陷责任期阶段。

原规范第9章第9.1节施工准备阶段监理中有5条;第9.2节施工阶段监理中有21条,其中第9.2.3条为应用软件开发监理,第9.2.16条为系统检验测试;第9.3节试运行阶段监理中有4条;第9.4节缺陷责任期监理中有3条。

5.7.2 监理机构应审核施工单位提交的应用软件测试大纲,测试合格后方可上线正式运行。

【软件测试】

公路机电工程中应用软件的开发和管理,由国家有关计算机软件开发技术标准进行规范,大型软件开发的监理也有信息系统工程监理等方面的规定。

原规范第9.2.3条应用软件开发监理规定:"监理机构应审批施工单位提交的机电工程应用软件的需求分析、概要设计、详细设计和测试大纲。应用软件必须经测试合格后,方可进行安装。"

5.7.3 监理工程师应审核施工单位提交的系统测试大纲。施工单位完成自测并提交自测报告后,应由监理工程师主持现场系统检验测试并对各项指标是否合格进行评定。

【系统测试】

公路机电工程系统检验测试包括施工单位自测及监理签证测试、功能测试与技术指标测试,具体内容见《公路工程质量检验评定标准 第二册 机电工程》(JTG F80/2—2004)等的规定。

原规范中的有关规定如下：

"9.2.14　审批系统测试大纲

"监理工程师应按合同约定的系统功能、技术指标等内容审批施工单位提交的系统测试大纲。

"9.2.15　检查施工测试仪器、仪表

"监理工程师应检查施工单位使用的测试仪器、仪表是否按规定进行了校准。

"9.2.16　系统检验测试

"施工单位按测试大纲完成自测并提交自测报告后，可由监理工程师主持现场系统检验测试。受条件限制无法进行的单机测试项目，可使用厂验检测数据。监理工程师应对系统测试的各项指标是否合格做出结论。"

5.7.4　在试运行期，监理工程师应巡视检查各系统的试运行情况，重点检查系统工作状况和试运行人员的值班记录，对发现的问题要求施工单位及时整改。监理工程师应核查施工单位提供的备品、备件及专用工具的数量、质量是否满足合同要求。

【试运行检查】

机电工程试运行主要考查系统设备、应用软件的运行稳定性、可靠性。在此期间，监理工程师按巡视要求检查系统设备的运行情况。对发现的功能、设备故障等问题详细记录后，由施工单位及时排除故障、调整系统参数等，以保证投入试运行的系统设备工作正常、运行稳定、性能良好。

原规范中的有关规定如下：

"9.3.1　检查遗留问题的整改

"监理工程师应检查、督促施工单位按照完工验收提出的问题和意见进行整改落实。

"9.3.2　检查系统试运行情况

"监理工程师应巡视系统的试运行情况，并做好巡视记录。应重点检查试运行人员的值班记录、系统工作情况。对发现的问题应要求施工单位及时回应、整改。

"9.3.3 核查专用工具、备品、备件

"监理工程师应核查施工单位提供专用工具、备品、备件的质量、数量是否符合合同约定。"

6 验收与缺陷责任期阶段监理

本章主要内容为交、竣工验收和缺陷责任期中监理工作的规定。

本章共7条,不分节。各条主要内容及其来源情况见表6-1。

本章条文主要内容及其来源　　　表6-1

条编号	主要内容	原规范	备注
6.0.1	审查交工验收申请	6.0.1	修订
6.0.2	交工验收准备	6.0.2	编辑
6.0.3	参加交工验收	6.0.3	修改
6.0.4	交工结账	6.0.4	编辑
6.0.5	缺陷责任检查	6.0.5	修改
6.0.6	缺陷责任终止	6.0.6	编辑
6.0.7	参加竣工验收	6.0.8	编辑

公路工程交竣工验收中的监理工作,具体已在有关法律法规和交通运输部有关规范性文件中规定。根据工程验收办法,交工验收阶段主要工作是检查施工合同的执行情况、评价工程质量、对各参建单位工作进行初步评价;竣工验收阶段主要工作是对工程质量、参建单位和建设项目进行综合评价并对工程建设项目做出整体性综合评价。对单位、分部、分项工程的验收主要是指质量检验评定。

目前,有关公路工程交竣工验收的主要依据包括《公路法》、《建设工程质量管理条例》、《公路工程竣(交)工验收办法》、《公路工程竣(交)工验收办法实施细则》(交公路发〔2010〕65号)和《公路工程质量检验评定标准》(JTG F80)等,有些内容正在修订过程中。

《公路法》第三十三条规定:"公路建设项目和公路修复项目竣工后,应当按照国家有关规定进行验收;未经验收或者验收不合格的,不得交付使用。"

6.0.1 监理机构应按规定审查施工单位提出的合同段交工验收申请、审核施工单位编制的竣工图,应根据监理工作情况及工程质量评定结果,对是否同意交工验收进行审查并签署意见。

【审查交工验收申请】

《公路工程竣(交)工验收办法》第九条规定:"公路工程各合同段符合交工验收条件后,经监理工程师同意,由施工单位向项目法人提出申请,项目法人应及时组织对该合同段进行交工验收。"

原规范规定"重点检查:合同约定的各项内容的完成情况;施工自检结果;各项资料的完整性;工程数量核对情况;工程现场清理情况等。"本次修订不再重复。

本条简单示例如图 6-1 所示。

图 6-1　监理工作输入、输出分析图示例

《公路工程竣(交)工验收办法实施细则》中的有关规定如下:

"第四条　公路工程交工验收工作一般按合同段进行,并应具备以下条件:

(一)合同约定的各项内容已全部完成。各方就合同变更的内容达成书面一致意见。

(二)施工单位按《公路工程质量检验评定标准》及相关规定对工程质量自检合格。

(三)监理单位对工程质量评定合格。

(四)质量监督机构按'公路工程质量鉴定办法'对工程质量进行检测,并出具检测意见。检测意见中需整改的问题已经处理完毕。

(五)竣工文件按公路工程档案管理的有关要求,完成'公路工程竣工档案范围'第三、四、五部分(不含缺陷责任期资料)内容的收集、整理及归档工作。

(六)施工单位、监理单位完成本合同段的工作总结报告。

"第五条 交工验收程序:

(一)施工单位完成合同约定的全部工程内容,且自检和监理检验评定均合格后,提出合同段交工验收申请报监理单位审查。交工验收申请应附自检评定资料和施工总结报告。

(二)监理单位根据工程实际情况、抽检资料以及对合同段工程质量评定结果,对施工单位交工验收申请及其所附资料进行审查并签署意见。监理单位审查同意后,应同时向项目法人提交独立抽检资料、质量评定资料和监理工作报告。

(三)项目法人对施工单位的交工验收申请、监理单位的质量评定资料进行核查,必要时可委托有相应资质的检测机构进行重点抽查检测,认为合同段满足交工验收条件时应及时组织交工验收。

(四)对若干合同段完工时间相近的,项目法人可合并组织交工验收。对分段通车的项目,项目法人可按合同约定分段组织交工验收。

(五)通过交工验收的合同段,项目法人应及时颁发'公路工程交工验收证书'。

(六)各合同段全部验收合格后,项目法人应及时完成'公路工程交工验收报告'。"

6.0.2 监理机构应按工程验收办法等规定完成合同段工程质量评定、归集整理工程监理资料、编写监理工作报告,并提交建设单位。

【交工验收准备】

监理机构根据工程完工情况评定工程质量、编写监理工作报告,应在施工单位申请合同段交工验收前进行。

有关监理资料的管理要求见本规范第9章,监理工作报告的要求见本规范第9.2.8条。

《公路工程竣(交)工验收办法》中的有关规定如下：

"第十二条 项目法人组织监理单位按《公路工程质量检验评定标准》的要求对各合同段的工程质量进行评定。

"监理单位根据独立抽检资料对工程质量进行评定，当监理按规定完成的独立抽检资料不能满足评定要求时，可以采用经监理确认的施工自检资料。

"项目法人根据对工程质量的检查及平时掌握的情况，对监理单位所做的工程质量评定进行审定。"

6.0.3 监理机构应参加交工验收工作，协助建设单位检查施工合同执行情况，并接受对监理合同执行情况的检查。

【参加交工验收】

《公路工程竣(交)工验收办法》第十一条中规定："项目法人负责组织公路工程各合同段的设计、监理、施工等单位参加交工验收。""监理单位负责完成监理资料的汇总、整理，协助项目法人检查施工单位的合同执行情况，核对工程数量，科学公正地对工程质量进行评定。"

《公路工程竣(交)工验收办法实施细则》中的有关规定如下：

"第六条 交工验收的主要工作内容：

(一)检查合同执行情况。

(二)检查施工自检报告、施工总结报告及施工资料。

(三)检查监理单位独立抽检资料、监理工作报告及质量评定资料。

(四)检查工程实体，审查有关资料，包括主要产品的质量抽(检)测报告。

(五)核查工程完工数量是否与批准的设计文件相符，是否与工程计量数量一致。

(六)对合同是否全面执行、工程质量是否合格做出结论。

(七)按合同段分别对设计、监理、施工等单位进行初步评价。"

6.0.4 合同段交工验收证书签发后，监理机构应审核施工单位提交的合同段交工结账单,并在规定期限内签认合同段交工结账证书,报建设单位审批。

【交工结账】

交工结算也属于计量支付的内容。

在现行《施工合同》通用合同条款"计量与支付"中称为"竣工结算",并明确规定了竣工付款申请单、竣工付款证书及支付时间等方面的要求。

根据公路工程交竣工验收管理办法,在公路工程专用合同条款中,改为"交工结算"。并约定,承包人向监理人提交交工付款申请单(包括相关证明材料)的期限:交工验收证书签发后42天内。

另外,在现行《施工合同》通用合同条款"计量与支付"中还包括最终结清的约定,明确了最终结清申请单、最终结清证书及支付时间等的要求。公路工程专用合同条款中约定:"承包人向监理人提交最终结清申请单(包括相关证明材料)的期限:缺陷责任期终止证书签发后28天内。"

6.0.5　在缺陷责任期,监理机构应检查施工单位遗留问题整改情况;应检查工程质量,对工程质量缺陷要求施工单位修复,并调查缺陷产生的原因,确认责任和修复费用。

【缺陷责任检查】

现行《施工合同》通用合同条款中,缺陷责任期"是指承包人按照合同约定承担缺陷修复义务,且发包人预留质量保证金的期限,自工程实际竣工(交工)日期起计算。"

缺陷责任期以及对施工、监理单位的有关要求是在合同中明确的内容。

现行《施工合同》通用合同条款"缺陷责任与保修"中约定:"在工程移交发包人后,因承包人原因产生的质量缺陷,承包人应承担质量缺陷责任和保修义务。缺陷责任期届满,承包人仍应按合同约定的工程各部位保修年限承担保修义务。""监理人和承包人应共同查清缺陷和(或)损坏的原因。经查明属承包人原因造成的,应由承包人承担修复和查验的费用。经查验属发包人原因造成的,发包人应承担修复和查验的费用,并支付承包人合理利润。"

公路工程专用合同条款中作了补充:"在缺陷责任期内,承包人应尽快完成在交工验收证书中写明的未完成工作,并完成对本工程缺陷的修复或监理人指令的修补工作。"

6.0.6 在合同段缺陷责任期结束、收到施工单位向建设单位提交的终止缺陷责任申请后,监理机构应进行审查。对符合合同约定的,总监办应在规定期限内签发合同段缺陷责任终止证书,并向建设单位提交缺陷责任期监理工作总结。

【缺陷责任终止】

现行《施工合同》通用合同条款"缺陷责任与保修"中规定:"除专用合同条款另有约定外,承包人应于缺陷责任期届满后7天内向发包人发出缺陷责任期届满通知,发包人应在收到缺陷责任期届满通知后14天内核实承包人是否履行缺陷修复义务,承包人未能履行缺陷修复义务的,发包人有权扣除相应金额的维修费用。发包人应在收到缺陷责任期届满通知后14天内,向承包人颁发缺陷责任期终止证书。"

6.0.7 监理机构应参加竣工验收工作,提交监理工作报告和工程监理资料,配合竣工验收检查。

【参加竣工验收】

《公路工程竣(交)工验收办法实施细则》第十六条中规定:"项目法人、设计、施工、监理、接管养护等单位代表参加竣工验收工作,但不作为竣工验收委员会成员。"第十七条中规定:"监理单位负责提交监理工作报告,提供工程监理资料,配合竣工验收检查工作。"

需要注意的是,有些项目交工验收至竣工验收的间隔时间较长,甚至迟迟不能组织验收,监理单位也要按合同约定安排专人负责缺陷责任期和交竣工验收期间的监理工作。

7 合同事项管理

本章主要内容为公路工程监理涉及的合同事项管理的规定。

本章共 10 条,不分节。各条主要内容及其来源情况见表 7-1。

本章条文主要内容及其来源　　　　　表 7-1

条编号	主要内容	原规范	备注
7.0.1	审查分包	5.6.7	修改
7.0.2	人员、设备检查	4.2.3 5.1.5	修订
7.0.3	停/复工	5.6.5 5.6.6	修订
7.0.4	工程变更	5.6.1	修订
7.0.5	工程延期	5.6.2	修改
7.0.6	费用索赔	5.6.3	修订
7.0.7	价格调整和计日工	5.6.4	编辑
7.0.8	违约处理	5.6.9	修订
7.0.9	处理争端	5.6.10	修订
7.0.10	施工合同解除		增补

本次修订将原规范中"合同其他事项管理"一节单独作为一章,并将审查工程分包、人员配备和机械设备等内容移入,"审查"改为"检查"。根据调研和专家意见,没有保留"工程保险"内容,原规范中的条文为"监理工程师应根据合同规定,对工程保险办理情况进行检查。"

总结分析认为,FIDIC 的核心是合同管理,本章涉及的是施工合同有关事项而非"其他事项"的管理。95 版规范中为"合同管理"。同时,既然是合同事项管理,有关的权限和管理要求应该执行合同中的约定。

现行的公路工程建设项目招投标标准文本《施工合同》通用合同条款及公路工程专用合同条款中,都有专门的章节对分包、工期延误、暂停施工、变更、价格调整、违约、保险、索赔、争议解决等做出约定,如计日工属于变更中的一项内容,而本规范中分为工程变更和计日工。

7.0.1 总监办应依法按规定对工程分包计划和合同进行审查,同意后报建设单位审批。在监理过程中发现有转包、违法分包时,应要求施工单位纠正并报建设单位。

【审查分包】

公路工程施工分包管理应按照交通运输部《公路工程施工分包管理办法》(交公路发〔2011〕685号)和合同约定进行。

《公路工程施工分包管理办法》"第四章 合同管理"第十三条规定:"承包人应在工程实施前,将经监理审查同意后的分包合同报发包人备案。"并且禁止将承包的公路工程进行转包,禁止违法分包公路工程,有关规定如下:

"第十六条 禁止将承包的公路工程进行转包。

"承包人未在施工现场设立项目管理机构和派驻相应人员对分包工程的施工活动实施有效管理,并且有下列情形之一的,属于转包:

(一)承包人将承包的全部工程发包给他人的;

(二)承包人将承包的全部工程肢解后以分包的名义分别发包给他人的;

(三)法律、法规规定的其他转包行为。

"第十七条 禁止违法分包公路工程。

"有下列情形之一的,属于违法分包:

(一)承包人未在施工现场设立项目管理机构和派驻相应人员对分包工程的施工活动实施有效管理的;

(二)承包人将工程分包给不具备相应资格的企业或者个人的;

(三)分包人以他人名义承揽分包工程的;

(四)承包人将合同文件中明确不得分包的专项工程进行分包的;

(五)承包人未与分包人依法签订分包合同或者分包合同未遵循承包合同的各项原则,不满足承包合同中相应要求的;

(六)分包合同未报发包人备案的;

（七）分包人将分包工程再进行分包的；

（八）法律、法规规定的其他违法分包行为。"

《建设工程质量管理条例》"第九章　附则"中规定如下：

"第七十八条　本条例所称肢解发包，是指建设单位将应当由一个承包单位完成的建设工程分解成若干部分发包给不同的承包单位的行为。本条例所称违法分包，是指下列行为：

（一）总承包单位将建设工程分包给不具备相应资质条件的单位的；

（二）建设工程总承包合同中未有约定，又未经建设单位认可，承包单位将其承包的部分建设工程交由其他单位完成的；

（三）施工总承包单位将建设工程主体结构的施工分包给其他单位的；

（四）分包单位将其承包的建设工程再分包的。

"本条例所称转包，是指承包单位承包建设工程后，不履行合同约定的责任和义务，将其承包的全部建设工程转给他人或者将其承包的全部建设工程肢解以后以分包的名义分别转给其他单位承包的行为。"

现行《施工合同》公路工程专用合同条款中指出："所有专业分包计划和专业分包合同须报监理人审批，并报发包人备案。监理人审批专业分包并不解除合同规定的承包人的任何责任和义务。""承包人应向发包人和监理人提交劳务分包合同副本并报项目所在地劳动保障部门备案。"

7.0.2　监理机构在监理过程中应按施工合同检查施工单位人员履约情况，重点检查项目经理、技术负责人、工地试验室负责人及质量、安全和环保等现场管理人员到岗情况；应检查进场的施工机械设备是否符合施工合同约定，主要施工机械设备是否满足施工质量、安全和进度等要求。

【人员、设备检查】

原规范在第4章"施工准备阶段监理"中，第4.2.3条"检查保证体系"要求："监理工程师应检查施工单位质量、安全和环保等保证体系是否落实，重点检查项目经理、技术负责人、工地试验室负责人的资格及质量、安全、环保人员的履约情况。"在第5.1节"质量监理"中,第5.1.5条"审查施工机械设备"规定:"监理工程师应审查施工单位进场的施工机械设备是否满足合同要求,重点审查施工机械设备是否满足施工质量、安全、环保、进度等要求。施工单位如使用合同约定外的施工机械设备,监理工程师应要求施工单位另行提出使用申请。"

考虑到人员履约和机械设备检查是一个动态的过程,不仅属于施工准备阶段,也不仅针对质量监理,是执行合同的重要内容,因此合并移入本章。其检查结果情况,应当在监理记录中载明,并在监理月报中进行统计汇总。

《监理合同》通用条款中指出:"第三方履约管理的服务目标:在专用条款中约定。"

现行《施工合同》通用合同条款及公路工程专用合同条款中,对承包人人员的管理有明确的要求。《施工合同》通用合同条款的约定如下:

"3.3.1 除专用合同条款另有约定外,承包人应在接到开工通知后7天内,向监理人提交承包人项目管理机构及施工现场人员安排的报告,其内容应包括合同管理、施工、技术、材料、质量、安全、财务等主要施工管理人员名单及其岗位、注册执业资格等,以及各工种技术工人的安排情况,并同时提交主要施工管理人员与承包人之间的劳动关系证明和缴纳社会保险的有效证明。

"3.3.2 承包人派驻到施工现场的主要施工管理人员应相对稳定。施工过程中如有变动,承包人应及时向监理人提交施工现场人员变动情况的报告。承包人更换主要施工管理人员时,应提前7天书面通知监理人,并征得发包人书面同意。通知中应当载明继任人员的注册执业资格、管理经验等资料。

"特殊工种作业人员均应持有相应的资格证明,监理人可以随时检查。"

《施工合同》通用合同条款对施工设备的约定如下:

"8.8.1 承包人提供的施工设备

"承包人应按合同进度计划的要求,及时配置施工设备和修建临时设施。进入施工场地的承包人设备需经监理人核查后才能投入使用。承包人更换合同约定的承包人设备的,应报监理人批准。

"8.8.3 要求承包人增加或更换施工设备

"承包人使用的施工设备不能满足合同进度计划和(或)质量要求时,监理人有权要求承包人增加或更换施工设备,承包人应及时增加或更换,由此增加的费用和(或)延误的工期由承包人承担。"

其中第8.8.3款在公路工程专用合同条款中细化为:"承包人承诺的施工设备必须按时到达现场,不得拖延、缺短或任意更换。尽管承包人已按承诺提供了上述设备,但若承包人使用的施工设备不能满足合同进度计划和(或)质量要求时,监理人有权要求承包人增加或更换施工设备,承包人应及时增加或更换,由此增加的费用和(或)延误的工期由承包人承担。"

7.0.3 监理机构应按下列规定处理工程停工及复工:

1 监理机构签发停工令时,应根据停工原因的影响范围和程度,明确停工范围、期限及停工期间施工单位应做的工作等,并报建设单位。

2 因施工单位原因停工时,监理机构应对施工单位的停工整改过程和结果进行检查、验收。

3 监理机构应审查施工单位的复工申请,当具备复工条件时签发复工令,并报建设单位。

【停/复工】

本次修订将"工程暂停令"修改为"停工令"。签发停工令、复工令的要求和权限以监理合同、施工合同的有关约定为依据,并报建设单位。

停工令、复工令作为监理指令,可以使用本规范附录D《监理指令单》的格式,明确上述有关规定内容。也可以单独制发。

《建设工程监理规范》(GB/T 50319—2013)(简称"国标《监理规范》")中的规定如下:

"6.2.2 项目监理机构发现下列情况之一时,总监理工程师应及时签发工程暂停令:

1 建设单位要求暂停施工且工程需要暂停施工的。

2 施工单位未经批准擅自施工或拒绝项目监理机构管理的。

3 施工单位未按审查通过的工程设计文件施工的。

4 施工单位违反工程建设强制性标准的。

5 施工存在重大质量、安全事故隐患或发生质量、安全事故的。"

现行《施工合同》通用合同条款"7.8 暂停施工"中的约定如下：

"7.8.1 发包人原因引起的暂停施工

"因发包人原因引起暂停施工的，监理人经发包人同意后，应及时下达暂停施工指示。情况紧急且监理人未及时下达暂停施工指示的，按照第7.8.4项'紧急情况下的暂停施工'执行。

"因发包人原因引起的暂停施工，发包人应承担由此增加的费用和（或）延误的工期，并支付承包人合理的利润。

"7.8.2 承包人原因引起的暂停施工

"因承包人原因引起的暂停施工，承包人应承担由此增加的费用和（或）延误的工期，且承包人在收到监理人复工指示后84天内仍未复工的，视为第16.2.1项'承包人违约的情形'第（7）目约定的承包人无法继续履行合同的情形。

"7.8.3 指示暂停施工

"监理人认为有必要时，并经发包人批准后，可向承包人作出暂停施工的指示，承包人应按监理人指示暂停施工。

"7.8.4 紧急情况下的暂停施工

"因紧急情况需暂停施工，且监理人未及时下达暂停施工指示的，承包人可先暂停施工，并及时通知监理人。监理人应在接到通知后24小时内发出指示，逾期未发出指示，视为同意承包人暂停施工。监理人不同意承包人暂停施工的，应说明理由，承包人对监理人的答复有异议，按照第20条'争议解决'约定处理。

"7.8.5 暂停施工后的复工

"暂停施工后，发包人和承包人应采取有效措施积极消除暂停施工的影响。在工程复工前,监理人会同发包人和承包人确定因暂停施工造成的损失,并确定工程复工条件。当工程具备复工条件时,监理人应经发包人批准后向承包人发出复工通知,承包人应按照复工通知要求复工。

"承包人无故拖延和拒绝复工的,承包人承担由此增加的费用和(或)延误的工期;因发包人原因无法按时复工的,按照第7.5.1项'因发包人原因导致工期延误'约定办理。"

7.0.4 监理机构应按下列规定处理工程变更:

1 监理机构应按权限审核、办理施工单位提出的工程变更申请。
2 对涉及修改工程设计文件的工程变更,应报建设单位组织处理。
3 监理机构可向建设单位提出工程设计变更的建议。
4 监理机构可对建设单位要求的工程变更提出意见。
5 由于工程变更发生的费用变化应按施工合同约定执行。

【工程变更】

工程变更包括各种施工变更和设计变更等。本条对工程变更的提出、监理工程师审核及工程变更的确定和执行提出原则要求。

现行《施工合同》通用合同条款中,对变更的范围、变更权、变更程序和变更估价等及监理的权责有明确的约定。如"监理人提出变更建议的,需要向发包人以书面形式提出变更计划,说明计划变更工程范围和变更的内容、理由,以及实施该变更对合同价格和工期的影响。发包人同意变更的,由监理人向承包人发出变更指示。发包人不同意变更的,监理人无权擅自发出变更指示。"

工程设计变更管理的依据是《公路工程设计变更管理办法》(交通部令2005年第5号)等。其中,明确了重大设计变更、较大设计变更和一般设计变更的划分,并有如下规定:

"第九条 公路工程勘察设计、施工及监理等单位可以向项目法人提出公路工程设计变更的建议。

"第十条 项目法人对设计变更的建议及理由应当进行审查核实。必要时,项目法人可以组织勘察设计、施工、监理等单位及有关专家对设计变更建议进行经济、技术论证。

"第二十条 由于公路工程勘察设计、施工等有关单位的过失引起公路工程设计变更并造成损失的,有关单位应当承担相应的费用和相关责任。

"由于公路工程设计变更发生的建筑安装工程费、勘察设计费和监理费等费用的变化,按照有关合同约定执行。"

7.0.5 总监办应对符合施工合同约定的延期意向或事件进行现场调查,并应在施工单位提出工程延期申请后,对延期原因和拟采取措施等进行审核并报建设单位。

【工程延期】

实际上,延期属于工程进度计划调整的一项内容。

原规范第5.5.5条中规定:"施工单位获得延期批准后,监理工程师应要求施工单位根据延期批复调整工程进度计划。"第5.6.2条规定:"监理工程师应对符合合同规定的延期意向或事件做好现场调查和记录。在施工单位提出正式延期申请后,对延期原因、发展情况、结果测算等资料进行审核并报建设单位。"

现行《施工合同》通用合同条款中,对因发包人原因导致工期延误、因承包人原因导致工期延误有明确的约定。公路工程专用合同条款中,又对承包人的工期延误进行了细化。因此,本规范仅提出了原则性的要求。

国标《监理规范》中的规定如下,供参考:

"6.5.4 项目监理机构批准工程延期应同时满足下列条件:

1 施工单位在施工合同约定的期限内提出工程延期。

2 因非施工单位原因造成施工进度滞后。

3 施工进度滞后影响到施工合同约定的工期。"

7.0.6 总监办应受理施工单位提交的费用索赔意向通知书,收集整理与索赔有关的资料,对索赔原因、费用测算等进行审核,编制费用索赔审核意见报告报建设单位。建设单位因施工单位原因造成损失提出索赔,宜征求总监办的意见。

【费用索赔】

有关费用索赔和豁免的规定应该是施工合同和费用管理的重要内容,作为总监办的职责也应按合同约定进行。

现行《施工合同》通用合同条款中,对承包人的索赔、对承包人索赔的处理、发包人的索赔、对发包人索赔的处理和提出索赔的期限有明确的约定。其中包括"承包人认为有权得到追加付款和(或)延长工期的",本条仅针对费用索赔。

本次修订增补了建设单位提出索赔、事先征求监理意见等要求。

国标《监理规范》中的规定如下,供参考:

"6.4.5 项目监理机构批准施工单位费用索赔应同时满足下列条件:

1 施工单位在施工合同约定的期限内提出费用索赔。

2 索赔事件是因非施工单位原因造成,且符合施工合同约定。

3 索赔事件造成施工单位直接经济损失。"

现行《施工合同》通用合同条款中的有关规定摘录如下:

"19.1 承包人的索赔

"(1)承包人应在知道或应当知道索赔事件发生后 28 天内,向监理人递交索赔意向通知书,并说明发生索赔事件的事由;承包人未在前述 28 天内发出索赔意向通知书的,丧失要求追加付款和(或)延长工期的权利;

"(2)承包人应在发出索赔意向通知书后 28 天内,向监理人正式递交索赔报告;索赔报告应详细说明索赔理由以及要求追加的付款金额和(或)延长的工期,并附必要的记录和证明材料。

"19.2 对承包人索赔的处理

"(1)监理人应在收到索赔报告后 14 天内完成审查并报送发包人。监理人对索赔报告存在异议的,有权要求承包人提交全部原始记录副本;

"(2)发包人应在监理人收到索赔报告或有关索赔的进一步证明材料后

的 28 天内,由监理人向承包人出具经发包人签认的索赔处理结果。发包人逾期答复的,则视为认可承包人的索赔要求。"

7.0.7 监理机构应按合同约定核定价格调整和计日工。

【价格调整和计日工】

价格调整处理要求一般在施工合同中有明确规定,应根据合同规定的价格调整方法及可调整的项目予以调价,并将相应的金额增加到合同价格上或从合同价格中扣除。

现行《施工合同》通用合同条款中,对物价波动引起的价格调整有详细的约定,以及法律变化引起的价格调整的内容。

现行《施工合同》通用合同条款中,计日工"是指合同履行过程中,承包人完成发包人提出的零星工作或需要采用计日工计价的变更工作时,按合同中约定的单价计价的一种方式。"计日工属于合同清单《工程量清单》的内容,一般在合同总价范围内,并有详细的计日工说明。计日工按合同已确定的单价和费率,以日计、月累计形式,通过每月(期)支付申请,经监理工程师审核后、建设单位批准支付。

现行《施工合同》通用合同条款中约定:"需要采用计日工方式的,经发包人同意后,由监理人通知承包人以计日工计价方式实施相应的工作,其价款按列入已标价工程量清单或预算书中的计日工计价项目及其单价进行计算。""采用计日工计价的任何一项工作,承包人应在该项工作实施过程中,每天提交报表和有关凭证报送监理人审查。"

7.0.8 发生违约事件时,总监办应按规定进行调查分析、评估损失,提出处理意见。

【违约处理】

违约是指违反合同义务的行为。《民法通则》第 111 条、《合同法》第 107 条等对违约责任均做了概括性规定。总监办针对违约事件应依法按合同约定提出处理意见。

现行《施工合同》通用合同条款中,对发包人违约、承包人违约、第三人造成的违约等有详细的约定。如:承包人发生违约情况时,监理人可向承包人发出整改通知,要求其在指定的期限内改正。

7.0.9 总监办在处理争端时,应调查、收集相关资料,提出处理方案并进行协调。在施工合同争议仲裁或诉讼过程中,监理机构应按仲裁机关或法院要求配合调查取证。

【处理争端】

原规范第5.6.10条延续了监理工程师进行"争端协调"的规定。鉴于目前在多数情况下,监理机构已经不再具有调解、仲裁等职责和条件,本次修订删减了对驻地办(监理工程师)的要求,并弱化了总监办的相应协调工作。但在施工合同争议仲裁或诉讼中,监理机构还有按要求配合调查取证的义务。

现行《施工合同》通用合同条款"争议解决"的有关约定中,已经没有直接涉及监理工作的内容。

7.0.10 施工合同解除时,总监办应根据合同约定,与建设单位及施工单位协商确定施工单位应得款项或偿还建设单位款项,签发工程结账证书。

【施工合同解除】

现行《施工合同》通用合同条款中,对因发包人违约解除合同和因发包人违约解除合同后的付款、因承包人违约解除合同和因承包人违约解除合同后的处理等有明确的约定,包括有关监理工作。增补本条以增强体系的完整性。

国标《监理规范》中的规定如下,供参考:

"6.7.1 因建设单位原因导致施工合同解除时,项目监理机构应按施工合同约定与建设单位和施工单位按下列款项协商确定施工单位应得款项,并应签发工程款支付证书:

1 施工单位按施工合同约定已完成的工作应得款项。

2　施工单位按批准的采购计划订购工程材料、构配件、设备的款项。

3　施工单位撤离施工设备至原基地或其他目的地的合理费用。

4　施工单位人员的合理遣返费用。

5　施工单位合理的利润补偿。

6　施工合同约定的建设单位应支付的违约金。

"6.7.2　因施工单位原因导致施工合同解除时,项目监理机构应按施工合同约定,从下列款项中确定施工单位应得款项或偿还建设单位的款项,并应与建设单位和施工协商后,书面提交施工单位应得款项或偿还建设单位款项的证明：

1　施工单位已按施工合同约定实际完成的工作应得款项和已给付的款项。

2　施工单位已提供的材料、构配件、设备和临时工程等的价值。

3　对已完工程进行检查和验收、移交工程资料、修复已完工程质量缺陷等所需的费用。

4　施工合同约定的施工单位应支付的违约金。"

8 监理工地会议

本章主要内容为监理工地会议的分类和各类会议组织等的规定。

本章分4节,每节2条,共8条。各节、条主要内容及其来源情况见表8-1。

本章条文主要内容及其来源　　　表8-1

条编号	主要内容	原规范	备注
8.1	一般规定	7.1	
8.1.1	会议分类	7.1.1	修改
8.1.2	会议记录	7.1.2	修改
8.2	第一次工地会议	7.2	
8.2.1	会议组织	7.2.1	修订
8.2.2	会议内容	7.2.2	修订
8.3	工地例会	7.3	
8.3.1	会议组织	7.3.1	修改
8.3.2	会议内容	7.3.2	编辑
8.4	专题会议	8.3	
8.4.1	会议组织	8.3.1	编辑
8.4.2	会议内容	8.3.2	修改

工地会议是公路工程监理中形成的行之有效的工作制度,是监理机构与参建各方重要的工作协调方式。通过会议检查工程实施情况与存在问题,研究下阶段工作计划,并对工程中重点、难点问题进行专题研讨。因此,工地会议制度应坚持并加以规范。

8.1 一般规定

8.1.1 监理工地会议根据召开时间、会议内容及参加人员等,可分为第一次工地会议、工地例会和专题会议等。工地例会及专题会议可采用视频会议形式。

【会议分类】

监理工地会议是一种有实质内容的工作协调会议,不能流于形式。正如95版规范条文说明中指出的:"这个制度的核心是FIDIC合同中的三方一起进行工作协调,以便沟通信息、落实责任、相互配合。"该规范第9.1节中规定:"第一次工地会议的目的,在于监理工程师对工程开工前的各项准备工作进行全面的检查,确保工程实施有一个良好的开端。工地会议的目的,在于监理工程师对工程实施过程中的进度、质量、费用的执行情况进行全面检查,为正确决策提供依据,确保工程顺利进行。现场协调会的目的,在于监理工程师对日常或经常性的施工活动进行检查、协调和落实,使监理工作和施工活动密切配合。"

在原规范中,取消了现场协调会,增设了专题工地会议。"因现场协调会没有三方主要负责人参加,仅是部分监理人员与施工单位人员参加,不符合工地会议的基本要求。"实际上,施工过程中监理机构可以随时组织不同层次的现场协调活动。专题会议也是三方代表参加,而不一定都是主要负责人。

本次修订增补了具备条件和根据工作需要采用视频会议形式的规定,以提高工作效率。

8.1.2 监理机构应做好会议记录,会议纪要应由各参加单位签认。会议决定执行的有关事项,应按规定的监理程序办理。

【会议记录】

工地会议记录时会议原始资料,应根据记录事项形成会议纪要。纪要中包括三方协商一致的意见及各方保留的意见。经三方确认的正式会议纪要,作为监理文件下达时成为合同管理文件的一部分。但会议纪要中涉及合同条款变更和设计文件等内容时,仍需要在工地会议三方协调一致的基础上按规定监理程序办理必要手续,也就是说,不能以纪要代替正式的文件。

8.2 第一次工地会议

8.2.1 第一次工地会议应按下列规定组织：

1 会议应在工程正式开工前召开。

2 会议应由总监主持。

3 总监办应事先将会议议程及有关事项通知建设单位、施工单位及其他有关单位并做好会议准备，宜邀请工程质量监督部门参加。

4 建设单位、施工单位法定代表人或授权代表应出席，各方在工程项目中的主要管理、技术人员等必须参加。

【会议组织】

本规范第4.2.9条规定，总监应主持召开第一次工地会议。

第一次工地会议作为工程正式开工前的全面总结、检查、协调和沟通等的专项工作，已经不仅仅是开一次会，因此要事先做好各项准备工作。

本条明确了第一次工地会议召开的时间、主持人、通知准备、参加单位和人员等。"其他有关单位"包括设计、检测单位等相关单位。

8.2.2 会议应包括下列主要内容：

1 各方应介绍各自的人员、组织机构、职责范围及联系方式。建设单位应宣布对总监的授权，施工单位应提交对项目经理的授权书。

2 施工单位应陈述开工的各项准备工作情况。

3 监理机构应说明监理工作准备情况。

4 监理工程师应说明主要监理程序、质量和安全事故报告程序、文件往来程序和工地例会等要求。

5 建设单位应说明工程占地、拆迁等与开工条件有关的事项。

6 总监应进行会议总结，明确施工准备工作存在的主要问题和解决措施要求。

7 具备开工条件的,可下达工程开工令。

【会议内容】

在事先申请、核查、沟通的基础上,会议通过对开工准备情况的通报、检查,认为开工条件已具备的,在会议结束前由总监下达开工令。不具备开工条件的,对存在的问题提出具体的解决要求,并针对准备开工的日期统一各方认识。

会议召开情况和内容应记入第一次工地会议纪要,以便执行与检查。

95版规范对承包人陈述施工准备和明确施工监理例行程序内容有详细的规定,现摘录于下供借鉴参考:

"9.2.2.3 承包人陈述施工准备

"承包人应就施工准备情况按如下主要内容提出陈述报告,监理工程师应逐项予以澄清、检查和评述:

1 主要施工人员(含项目负责人、主要技术人员及主要机械手)是否进场或将于何日进场,并应提交进场人员计划及名单。

2 用于工程的进口材料、机械、仪器和设施是否进场或将于何日进场,是否将会影响施工,并应提交进场计划及清单。

3 用于工程的本地材料来源是否落实,并应提交料源分布图及供料计划清单。

4 施工驻地及临时工程建设进展情况如何,并应提交驻地及临时工程建设计划分布和布置图。

5 工地试验室、流动试验室及其设备是否准备就绪或将于何日安装就绪,并应提交试验布置图、流动试验室分布图及仪器设备清单。

6 施工测量的基础资料是否已经落实并经过复核,施工测量是否进行或将于何日进行,并应提交施工测量计划及有关资料。

7 履约保函和动员预付款保函及各种保险是否已经办理或将于何日办理完毕,并应提交有关已办手续的副本。

8　为监理工程师提供的住房、交通、通讯、办公等设备及服务设施是否具备或将于何日具备,并应提交有关计划安排及清单。

9　其他与开工条件有关的内容及事项。

"9.2.2.5　明确施工监理例行程序

"监理工程师应沟通与承包人的联系渠道,明确工作例行程序并提出有关表格及说明:

1　质量控制的主要程序、表格及说明。

2　施工进度控制的主要程序、图表及说明。

3　计量支付的主要程序、报表及说明。

4　延期与索赔的主要程序、报表及说明。

5　工程变更的主要程序、图表及说明。

6　工程质量事故与安全事故的报告程序、报表及说明。

7　函件的往来传递交接程序、格式及说明。

8　确定工地会议的时间、地点及程序。"

8.3　工地例会

8.3.1　工地例会应由总监或驻地监理工程师主持,宜每月召开1次,建设单位代表、施工单位项目经理、技术负责人及有关人员应参加。

【会议组织】

工地例会为施工阶段每月定期召开的工地工作会议,如有必要也可以临时增开。工地例会主要是建设单位、施工单位、监理机构三方对工程实施情况进行检查与协调的例行会议,因此要求施工单位项目经理、技术负责人出席,工地试验室负责人、专职安全生产管理人员等参加。

8.3.2　会议应检查上次例会议定事项的落实情况,并对工程质量、安全、环保、费用、进度和合同事项等情况进行讨论，提出解决问题的措施并确定下一步工作安排。

【会议内容】

工地例会议定的内容与决议应记入会议纪要，以便于会后落实与检查。该会议纪要应经三方确认后方能签发。

95版规范第9.3.2条对会议的内容规定得很详细，可供借鉴参考，包括：

"1 确认上次会议记录：可有监理工程师的记录人对上次会议记录征询意见并在本次会议记录中加以修正。

2 审查工程进度：主要是关键线路上的施工进展情况及影响施工进度的因素和对策。

3 审查现场情况：主要是现场机械、材料、劳力的数额以及对进度和质量的适应情况并提出解决措施。

4 审查工程质量：主要应针对工程缺陷和质量事故，就执行标准控制、施工工艺、检查验收方面提出问题及解决措施。

5 审查工程费用事项：主要是材料设备预付款、价格调整、额外的暂定金额等发生或将发生的问题及初步的处理意见或意向。

6 审查安全事项：主要针对发生的安全事故或隐藏的不安全因素以及对交通和民众的干扰提出问题及解决措施。

7 讨论施工环境：主要是承包人无力防范的外部施工阻扰或不可预见的施工障碍等方面的问题及解决措施。

8 讨论延期与索赔：主要是承包人提出延期或索赔的意向，进行初步的澄清和讨论，另按程序申报并约定专门会议的时间和地点。

9 审议工程分包：主要是对承包人提出的工程分包的意向进行初步审议和澄清，确定进行正式审查的程序和安排，并解决监理工程师已批准（或批准进场）分包中管理方面的问题。

10 其他事项。"

8.4 专题会议

8.4.1 专题会议可由监理工程师主持,建设单位、施工单位代表及有关人员参加,必要时可邀请有关专家参加。

【会议组织】

工程中有些管理、技术、协调问题需要专门深入讨论,除三方代表外,根据需要可安排或邀请有关人员及专家和设计代表等参加。

8.4.2 会议应针对工程技术、质量、安全、环保、费用、进度和合同事项等方面的重点、难点及需要协调的问题进行讨论,提出解决方案并形成意见。

【会议内容】

专题会议应聚焦重点、难点问题,进行深入研讨,并提出切实可行的解决方案,以便在工程施工和监理工作中落实。专题会议研讨的问题主要根据工程需要确定,落实时涉及合同管理和变更设计等内容,仍应按合同要求和有关监理程序办理。

9 监理资料

本章主要内容为监理资料的分类、组成和归档等的规定。

本章分3节,第9.1节4条,第9.2节8条,第9.3节3条。各节、条主要内容及其来源情况见表9-1。

本章条文主要内容及其来源　　　　　　　　表9-1

条编号	主 要 内 容	原 规 范	备 注
9.1	一般规定	8.1	
9.1.1	资料分类	8.2.1	修订
9.1.2	资料基本要求	8.1.4	修改
9.1.3	资料管理制度	8.1.1	修改
9.1.4	打印及原始记录		增补
9.2	资料内容	8.2	
9.2.1	监理管理文件	8.2.2	修改
9.2.2	质量监理文件	8.2.3	修订
9.2.3	安全、环保监理文件	8.2.4	修改
9.2.4	费用与进度监理文件	8.2.5 8.2.6	修订
9.2.5	合同事项管理文件	8.2.7	修改
9.2.6	监理日志		增补
9.2.7	监理月报	8.2.8	修改
9.2.8	监理工作报告	8.2.9	修订
9.3	归档	8.3	
9.3.1	归集	8.3.1	修订
9.3.2	移交	8.3.2	修订
9.3.3	其他资料	8.3.3	修改

原规范称这一章内容为"文件与资料管理",现根据章、节协调和管理实际修改为"监理资料"。其主要区别在于,监理资料强调的是列入"公路工程项目文件归档范围"的各类文件、资料等,是按需要规定移交、长期保存的档案

材料,是监理工作成果的证明,是最终结果,而不仅是监理工作过程中文件与资料的收发、保管。

9.1 一般规定

9.1.1 监理资料应包括监理管理文件、质量监理文件、安全监理文件、环保监理文件、费用与进度监理文件、合同事项管理文件,以及监理日志、巡视记录、旁站记录、监理月报、监理工作报告等其他监理文件和影像资料。

【资料分类】

监理资料是全面、系统反映监理工作和工程实施情况的历程记录,需要在工程完工后接受检查和提交。

本条对原规范"8.2.1 监理文件与资料"进行了重新梳理,按结果导向原则,明确了应归档管理的各类文件构成,并增补重要影像资料,以便在全过程中按要求及时归集整理。共分为三类,即监理文件、其他监理文件和影像资料。其中,监理日志、巡视记录、旁站记录、监理月报、监理工作报告等合称为一类"其他监理文件",单独归档。交通运输部办公厅《关于印发公路建设项目文件材料立卷归档管理办法的通知》(交办发〔2010〕382号)第十七条要求,监理日志按照监理机构和形成时间整理组卷,旁站监理记录按施工合同段整理组卷。

原规范第8.1.2条规定:"监理工程师应建立材料、试验、测量、计量支付、工程变更、安全、环保等各项台账。"需建立的各类台账作为汇总记录已在有关章节中规定,因此第9.2.2~9.2.4条中不再重复。

《公路工程竣交工验收办法实施细则》附件2"公路工程项目文件归档范围"第三部分为"监理资料",其内容如下:

"一、监理管理文件

二、工程质量控制文件

（一）质量控制措施、规定及往来文件。

（二）监理独立抽检资料。

（三）交工验收工程质量评定资料。

三、工程进度计划管理文件

四、工程合同管理文件

五、其他文件

六、其他资料

"监理日志、会议记录、纪要，工程照片，音像资料。

"监理机构及人员情况，各级监理人员的工作范围、责任划分、工作制度。"

9.1.2 监理资料应齐全、真实、准确、完整。

【资料基本要求】

监理资料作为应长期保存的工程建设监理过程和工作成果的证明，应符合工程档案管理方面的基本要求，具有可追溯性。增补本条，提出了对监理资料的原则性要求，即归集齐全，内容真实，记录、数据准确，结论、处理意见、签字等填写完整。

原规范第8.1.4条规定："监理资料应内容完整、填写认真、审批意见与签认应齐全。"

9.1.3 监理机构应建立健全监理资料管理制度，宜采用信息化手段进行管理。

【资料管理制度】

资料管理是工程监理的日常基础工作，监理工作和成效要通过监理资料系统、完整地反映。监理机构应建立资料管理制度，由专人负责资料管理，并利用计算机信息化手段加强管理。

监理机构在文件收发和信息管理过程中，也应区分不同的资料类别，并明确归集要求。

9.1.4 除人员签字部分和现场抽检记录外,监理资料可打印。现场原始记录应留存备查。

【打印及原始记录】

增补本条,是适应信息化技术、无纸化办公等实际需要,明确可打印文档的范围要求,原则是内容可溯、存储安全、签记有效等。同时,鼓励采用信息化手段传输、监控、保存有关数据和资料。

现场抽检原始数据、文字记录是可追溯的直接保证依据,因此应留存备查。根据规定,现场质检原始资料必须真实、准确、可靠,不得追记,不得复印。接受质量检查时必须出示原始资料原件。

9.2 资料内容

9.2.1 监理管理文件应包括监理合同,监理计划、监理细则,会议记录、会议纪要,综合性往来文件等。

【监理管理文件】

监理管理文件是指指导监理工作的综合性文件,主要是监理合同、监理计划、监理细则等,也包括与建设单位、施工单位等的综合性往来文件,以及不能归入其他监理专项的综合性会议记录、纪要等。

施工准备阶段监理形成的有关资料、交竣工验收与缺陷责任期阶段监理形成的综合性文件,也归于此类。

但有关法律法规、技术标准、工程勘察设计文件以及不针对监理工作的工程管理文件等,不应列入监理资料重复归档。

原规范第8.2.2条"监理管理文件与资料"仅包括监理计划、监理细则等。

9.2.2 质量监理文件应包括质量监理要求和往来文件、测量、材料等审查、试验资料、抽检记录、隐蔽工程验收和工程质量检验评定资料、质量问题处理资料等。

【质量监理文件】

质量监理文件基本与本规范第5.2节"质量监理"的内容要求一致。

关于监理独立抽检资料，《公路工程竣交工验收办法实施细则》要求"编排顺序参照第四部分"即施工资料中的施工质量控制文件。

原则上，工程质量监理、管控、验收的主线是按现行《公路工程质量检验评定标准》(JTG F80)等划分的单位工程、分部工程、分项工程，也应按此层次进行质量监理资料整理归档。

在本规范附录B所列监理记录中，与巡视、旁站不同，抽检是针对质量监理进行的。抽检资料《公路建设项目文件材料立卷归档管理办法》第十七条规定，平行试验及独立抽检的文件材料按照单位工程分别整理组卷。

原规范第8.2.3条规定，质量监理文件与资料"包括质量监理措施、规定及往来文件、试验检测资料、监理抽检资料、交工验收工程质量评定资料。"

9.2.3 安全、环保监理文件应包括安全、环保管理制度、监理要求和往来文件、检查记录，事故、隐患及问题处理资料等。

【安全、环保监理文件】

按照第9.1.1条的规定，安全、环保监理文件各自属于不同的类别，但鉴于其文档内容要求基本一致，为避免重复，合并在一条编写。归档时仍各自独立。

鉴于巡视、旁站记录包括质量、安全、环保等监理内容，列入"其他监理文件"单独归档。本条的检查记录内容应与本规范第5.3、5.4节的具体要求一致，主要是指专项安全、环保检查。

9.2.4 费用与进度监理文件应包括费用与进度计划文件、监理要求和往来文件,工程计量、支付文件,工程开工令,进度检查文件等。

【费用与进度监理文件】

原规范第8.2.5条规定,费用监理文件与资料"包括各类工程支付文件、工程变更有关费用审核文件、工程竣工决算审核意见书等。"第8.2.6条规定,进度监理文件与资料"包括进度计划审批、检查、调整的有关文件;工程开工/复工令及工程暂停令等。"

本次修订将两部分内容合并在一起。各项具体内容要求应与本规范第4章、第5.5节、第5.6节和第6章的有关规定一致,也包括计量支付台账。

工程变更、停/复工令等列入合同事项管理文件。

9.2.5 合同事项管理文件应包括工程分包、履约检查文件,停工令及复工令,工程变更、延期、索赔、违约和争端处理文件,价格调整文件等。

【合同事项管理文件】

本条内容要求与本规范第7章的规定一致。具体过程和结果文件包括第7章各条的事项。

9.2.6 监理日志应按附录B.4格式填写,并应经驻地监理工程师或总监审核。巡视记录应经驻地监理工程师审核。

【监理日志】

监理日志是每日填写、反映监理机构履行监理职责的重要过程记录资料。

按照定义,由监理机构每日按照附录B规定的统一格式和内容要求进行填写,以免造成混乱。对总监办和驻地办的监理日志,应分别由总监、驻地监理工程师或其授权人负责审核。工程监理中将监理日志按时打印整理或编印成"监理日志本"的形式、在封面统一填写工程项目和监理机构名称等,当然是允许的。

监理日记是个人化的、非规范的资料,经审核确认有效的也可以作为对监理日志的补充。

监理资料

巡视记录应经驻地监理工程师或总监审核,方可作为正式的监理资料。审核可以定期或不定期地进行。

9.2.7 监理月报应包括下列主要内容:

1 当月工程实施情况。

2 当月监理工作情况。

3 当月工程质量、安全、环保、费用、进度监理和合同事项管理等情况统计。

4 发现施工存在的主要问题及处理情况。

5 下月监理工作重点。

【监理月报】

监理月报是监理机构阶段性监理工作的定期总结,是监理实施情况的及时反馈,是与建设单位、施工单位等进行沟通交流的重要手段,其内容应客观、准确、翔实、有针对性。

本次修订重新梳理了监理月报的主要内容。

原规范第8.2.8规定:"监理工程师每月应向建设单位和上级监理机构报送工程监理月报,其内容包括:本月工程概述,工程质量、进度、安全、环保、支付、合同管理的其他事项,合同执行情况,存在的问题,本月监理工作小结等。"

9.2.8 监理工作报告应包括下列主要内容:

1 工程概况。

2 监理工作概况,包括组织机构、人员、设备和设施情况等。

3 监理工作成效,包括质量、安全、环保、费用和进度监理及合同事项管理等措施,施工过程中检查情况,工程质量评定情况及问题和事故处理情况等。

4 交工验收时存在的问题及处理情况。

5 监理工作体会、说明和建议。

【监理工作报告】

监理工作报告是监理机构项目监理工作的最终总结,是监理实施情况的综合反映,其内容应系统、全面、客观、有建设性。

本次修订将质量、安全、环保等监理工作成效部分内容作为一个整体列出。具体编制过程中,仍可以分别进行总结。

《公路工程竣(交)工验收办法》规定,交工验收时,"检查监理单位独立抽检资料、监理工作报告及质量评定资料"。竣工验收时,听取"监理单位的工作报告","监理单位负责提交监理工作报告,提供工程监理资料"。

《公路工程竣交工验收办法实施细则》规定,交工验收前,监理单位"向项目法人提交独立抽检资料、质量评定资料和监理工作报告。"竣工验收时,听取"监理工作报告"。其附件5"公路工程参建单位工作总结报告"第四部分为"公路工程监理工作报告",内容如下:

"一、监理工作概况

合同段监理组织形式、管理结构、人员投入情况。

二、工程质量管理

质量管理措施;施工过程中质量检查情况汇总;质量问题和事故处理情况总结;工程质量评定情况。

三、计量支付、工程进度和合同管理情况

四、设计变更情况

五、交工验收中存在问题及处理情况

六、监理工作体会"

9.3 归　　档

9.3.1　监理资料应随监理过程及时归集,系统化排列,按规定组卷、编列案卷目录。

【归集】

监理资料是过程形成的记录,因此规定应随着工程实施进展、在监理工作过程中及时完整、系统地归集、整理,以免等完工后集中匆忙收集、出现错漏。

监理资料的分类、系统化排列、卷内目录和案卷目录等要求参照有关档案管理规定。

《公路建设项目文件材料立卷归档管理办法》规定了卷内文件材料系统化排列和组卷的要求。

9.3.2 监理档案应妥善存放和保管,按时移交建设单位。

【移交】

监理资料移交时限参见公路工程验收办法、建设项目文件材料立卷归档管理办法等的规定,以及交、竣工验收和档案专项验收要求。

9.3.3 监理单位对未列入监理资料归档的其他监理文件也应分类整理,与工程直接相关的在竣工验收前提交建设单位。

【其他监理文件】

原规范第8.3.3条规定:"不列入归档的监理文件与资料也应分类整理,与工程直接相关的文件资料,竣工后移交建设单位保管。"

列入监理资料归档的仅是监理机构的部分文件和资料。监理工作中,尚有许多过程记录、管理文件和影像资料等未列入监理资料要求进行归档和提交,对此监理单位应负责分类整理保存,与工程直接相关、反映监理实施和有支持支撑价值的,根据需要竣工前移交给建设单位保管。

附录 A 监理旁站项目

监理旁站项目表　　　　　　　　　　　　　　　　　表 A

单位工程	分部工程	分项工程	旁站项目
路基工程	土石方工程	土方路基、石方路基	试验段
		软土地基处治、土工合成材料处治层	试验段
路面工程	路面工程	基层、底基层	试验段
		沥青面层	试验段
		水泥混凝土面层	试验段，摊铺
桥梁工程	基础及下部构造	桩基	试桩，钢筋笼安放、首盘混凝土浇注
		地下连续墙	首盘混凝土浇注
		沉井	定位、下沉、浇注封底混凝土
	上部构造 预制和安装	预应力筋加工和张拉	试验工程，首次张拉、首次压浆
		转体施工梁、拱	桥体预制、接头混凝土浇注
		吊杆制作和安装	穿吊杆、预应力束张拉、首次压浆
	上部构造 现场浇筑	预应力筋加工和张拉	张拉、首次压浆
		悬臂浇筑梁、主要构件浇筑	主梁段混凝土浇注、首次压浆
		劲性骨架混凝土拱、钢管混凝土拱	混凝土浇注
	桥面系及附属工程	桥面铺装	试验段
		钢桥面上沥青混凝土铺装	试验段，沥青混凝土摊铺
		大型伸缩装置安装	首件安装
隧道工程	洞身衬砌	支护、钢支撑	试验段
		混凝土衬砌	试验段
	路面	面层	同路面工程
交通工程	交通安全设施 护栏	混凝土护栏	首段混凝土浇注
	机电工程	监控、通信、收费、配电、隧道机电设施的主要分项工程	首件施工
附属设施		服务区、收费站等建筑工程的地基与基础、主体结构	首件施工

原规范附录 A 的标题为"监理旁站工序/部位表",且在第 5.1.10 条中规定"宜旁站的项目见附录 A.1。"

本次修订,标题改为"监理旁站项目",且在第 5.1.4 条规定"应对附录 A 所列旁站项目的施工过程进行旁站。"删减了"A.2 机电工程监理旁站工序/部位一览表",改为对监控、通信、收费、配电、隧道机电等设施的分项工程"首件施工",并纳入表 A。

从具体旁站项目内容看,变化并不算大。主要调整是部分项目减少为对"首件"施工进行旁站。将以长度计量的分项工程中的"试验工程"改为"试验段",仅保留预应力筋加工和张拉中的"试验工程"。

附录 B 监理记录

B.1 巡视记录

_____工程项目

巡 视 记 录

编号：_____

施工单位		合同段	
巡视人		巡视时间	年 月 日
巡视的范围			
主要施工情况			
质量、安全、环保等情况			
发现的问题及处理意见			

B.2 旁站记录

_____工程项目

旁 站 记 录

编号：_____

施工单位		合同段	
旁站人		旁站时间	年　月　日
旁站项目			
施工过程简述			
旁站工作情况			
主要数据记录			
发现的问题及处理结果			

B.3 抽检记录

_____工程项目

抽 检 记 录

编号：_____

施工单位		合同段	
抽检人		抽检时间	年 月 日
工程部位			
抽检项目			
检查结果			
检查结论			
处理意见			
审核人		审核日期	年 月 日

B.4 监理日志

_____工程项目

监 理 日 志

编号：_____

监理机构				
记录人		日期		年　月　日
审核人		天气情况		
主要施工情况				
监理主要工作				
问题及处理情况				

附录C 分项工程(中间)交工证书

_____工程项目

分项工程(中间)交工证书

编号:_____

施工单位		合同段	
监理机构			
分项工程		单位、分部工程	
中间交工内容及工程数量等			
施工自检结果			
施工负责人		申请日期	年 月 日
监理接收人		接收日期	年 月 日
质量保证资料及检评资料情况			
监理抽检情况及评述意见和结论			
监理工程师		批准日期	年 月 日
施工负责人		日期	年 月 日

附录 D 监理指令单

_____工程项目

监 理 指 令 单

编号：_____

施工单位		合同段	
监理机构			
签发人		日期	年　月　日

致_____
（说明监理指令的依据、施工单位不符合规定的事实及整改要求等内容）

请于_____年___月___日前回复。

抄送：

签收人		日期	年　月　日

附件一 建设工程质量管理条例

（国务院令 第279号）

第一章 总 则

第一条 为了加强对建设工程质量的管理,保证建设工程质量,保护人民生命和财产安全,根据《中华人民共和国建筑法》,制定本条例。

第二条 凡在中华人民共和国境内从事建设工程的新建、扩建、改建等有关活动及实施对建设工程质量监督管理的,必须遵守本条例。

本条例所称建设工程,是指土木工程、建筑工程、线路管道和设备安装工程及装修工程。

第三条 建设单位、勘察单位、设计单位、施工单位、工程监理单位依法对建设工程质量负责。

第四条 县级以上人民政府建设行政主管部门和其他有关部门应当加强对建设工程质量的监督管理。

第五条 从事建设工程活动,必须严格执行基本建设程序,坚持先勘察、后设计、再施工的原则。

县级以上人民政府及其有关部门不得超越权限审批建设项目或者擅自简化基本建设程序。

第六条 国家鼓励采用先进的科学技术和管理方法,提高建设工程质量。

第二章 建设单位的质量责任和义务

第七条 建设单位应当将工程发包给具有相应资质等级的单位。

建设单位不得将建设工程肢解发包。

第八条 建设单位应当依法对工程建设项目的勘察、设计、施工、监理以及与工程建设有关的重要设备、材料等的采购进行招标。

第九条　建设单位必须向有关的勘察、设计、施工、工程监理等单位提供与建设工程有关的原始资料。

原始资料必须真实、准确、齐全。

第十条　建设工程发包单位不得迫使承包方以低于成本的价格竞标，不得任意压缩合理工期。

建设单位不得明示或者暗示设计单位或者施工单位违反工程建设强制性标准，降低建设工程质量。

第十一条　建设单位应当将施工图设计文件报县级以上人民政府建设行政主管部门或者其他有关部门审查。施工图设计文件审查的具体办法，由国务院建设行政主管部门会同国务院其他有关部门制定。

施工图设计文件未经审查批准的，不得使用。

第十二条　实行监理的建设工程，建设单位应当委托具有相应资质等级的工程监理单位进行监理，也可以委托具有工程监理相应资质等级并与被监理工程的施工承包单位没有隶属关系或者其他利害关系的该工程的设计单位进行监理。

下列建设工程必须实行监理：

（一）国家重点建设工程；

（二）大中型公用事业工程；

（三）成片开发建设的住宅小区工程；

（四）利用外国政府或者国际组织贷款、援助资金的工程；

（五）国家规定必须实行监理的其他工程。

第十三条　建设单位在领取施工许可证或者开工报告前，应当按照国家有关规定办理工程质量监督手续。

第十四条　按照合同约定，由建设单位采购建筑材料、建筑构配件和设备的，建设单位应当保证建筑材料、建筑构配件和设备符合设计文件和合同要求。

建设单位不得明示或者暗示施工单位使用不合格的建筑材料、建筑构配件和设备。

第十五条　涉及建筑主体和承重结构变动的装修工程,建设单位应当在施工前委托原设计单位或者具有相应资质等级的设计单位提出设计方案;没有设计方案的,不得施工。

房屋建筑使用者在装修过程中,不得擅自变动房屋建筑主体和承重结构。

第十六条　建设单位收到建设工程竣工报告后,应当组织设计、施工、工程监理等有关单位进行竣工验收。

建设工程竣工验收应当具备下列条件:

(一)完成建设工程设计和合同约定的各项内容;

(二)有完整的技术档案和施工管理资料;

(三)有工程使用的主要建筑材料、建筑构配件和设备的进场试验报告;

(四)有勘察、设计、施工、工程监理等单位分别签署的质量合格文件;

(五)有施工单位签署的工程保修书。

建设工程经验收合格的,方可交付使用。

第十七条　建设单位应当严格按照国家有关档案管理的规定,及时收集、整理建设项目各环节的文件资料,建立、健全建设项目档案,并在建设工程竣工验收后,及时向建设行政主管部门或者其他有关部门移交建设项目档案。

第三章　勘察、设计单位的质量责任和义务

第十八条　从事建设工程勘察、设计的单位应当依法取得相应等级的资质证书,并在其资质等级许可的范围内承揽工程。

禁止勘察、设计单位超越其资质等级许可的范围或者以其他勘察、设计单位的名义承揽工程。禁止勘察、设计单位允许其他单位或者个人以本单位的名义承揽工程。

勘察、设计单位不得转包或者违法分包所承揽的工程。

第十九条　勘察、设计单位必须按照工程建设强制性标准进行勘察、设计,并对其勘察、设计的质量负责。

注册建筑师、注册结构工程师等注册执业人员应当在设计文件上签字,对设计文件负责。

第二十条　勘察单位提供的地质、测量、水文等勘察成果必须真实、准确。

第二十一条　设计单位应当根据勘察成果文件进行建设工程设计。

设计文件应当符合国家规定的设计深度要求,注明工程合理使用年限。

第二十二条　设计单位在设计文件中选用的建筑材料、建筑构配件和设备,应当注明规格、型号、性能等技术指标,其质量要求必须符合国家规定的标准。

除有特殊要求的建筑材料、专用设备、工艺生产线等外,设计单位不得指定生产厂、供应商。

第二十三条　设计单位应当就审查合格的施工图设计文件向施工单位作出详细说明。

第二十四条　设计单位应当参与建设工程质量事故分析,并对因设计造成的质量事故,提出相应的技术处理方案。

第四章　施工单位的质量责任和义务

第二十五条　施工单位应当依法取得相应等级的资质证书,并在其资质等级许可的范围内承揽工程。

禁止施工单位超越本单位资质等级许可的业务范围或者以其他施工单位的名义承揽工程。禁止施工单位允许其他单位或者个人以本单位的名义承揽工程。

施工单位不得转包或者违法分包工程。

第二十六条　施工单位对建设工程的施工质量负责。

施工单位应当建立质量责任制,确定工程项目的项目经理、技术负责人和施工管理负责人。

建设工程实行总承包的,总承包单位应当对全部建设工程质量负责;建设工程勘察、设计、施工、设备采购的一项或者多项实行总承包的,总承包单位应当对其承包的建设工程或者采购的设备的质量负责。

第二十七条　总承包单位依法将建设工程分包给其他单位的,分包单位应当按照分包合同的约定对其分包工程的质量向总承包单位负责,总承包单位与分包单位对分包工程的质量承担连带责任。

第二十八条　施工单位必须按照工程设计图纸和施工技术标准施工,不得擅自修改工程设计,不得偷工减料。

施工单位在施工过程中发现设计文件和图纸有差错的,应当及时提出意见和建议。

第二十九条　施工单位必须按照工程设计要求、施工技术标准和合同约定,对建筑材料、建筑构配件、设备和商品混凝土进行检验,检验应当有书面记录和专人签字;未经检验或者检验不合格的,不得使用。

第三十条　施工单位必须建立、健全施工质量的检验制度,严格工序管理,做好隐蔽工程的质量检查和记录。隐蔽工程在隐蔽前,施工单位应当通知建设单位和建设工程质量监督机构。

第三十一条　施工人员对涉及结构安全的试块、试件以及有关材料,应当在建设单位或者工程监理单位监督下现场取样,并送具有相应资质等级的质量检测单位进行检测。

第三十二条　施工单位对施工中出现质量问题的建设工程或者竣工验收不合格的建设工程,应当负责返修。

第三十三条　施工单位应当建立、健全教育培训制度,加强对职工的教育培训;未经教育培训或者考核不合格的人员,不得上岗作业。

第五章　工程监理单位的质量责任和义务

第三十四条　工程监理单位应当依法取得相应等级的资质证书,并在其资质等级许可的范围内承担工程监理业务。

禁止工程监理单位超越本单位资质等级许可的范围或者以其他工程监理单位的名义承担工程监理业务。禁止工程监理单位允许其他单位或者个人以本单位的名义承担工程监理业务。

工程监理单位不得转让工程监理业务。

第三十五条 工程监理单位与被监理工程的施工承包单位以及建筑材料、建筑构配件和设备供应单位有隶属关系或者其他利害关系的，不得承担该项建设工程的监理业务。

第三十六条 工程监理单位应当依照法律、法规以及有关技术标准、设计文件和建设工程承包合同，代表建设单位对施工质量实施监理，并对施工质量承担监理责任。

第三十七条 工程监理单位应当选派具备相应资格的总监理工程师和监理工程师进驻施工现场。

未经监理工程师签字，建筑材料、建筑构配件和设备不得在工程上使用或者安装，施工单位不得进行下一道工序的施工。未经总监理工程师签字，建设单位不拨付工程款，不进行竣工验收。

第三十八条 监理工程师应当按照工程监理规范的要求，采取旁站、巡视和平行检验等形式，对建设工程实施监理。

第六章 建设工程质量保修

第三十九条 建设工程实行质量保修制度。

建设工程承包单位在向建设单位提交工程竣工验收报告时，应当向建设单位出具质量保修书。质量保修书中应当明确建设工程的保修范围、保修期限和保修责任等。

第四十条 在正常使用条件下，建设工程的最低保修期限为：

（一）基础设施工程、房屋建筑的地基基础工程和主体结构工程，为设计文件规定的该工程的合理使用年限；

（二）屋面防水工程、有防水要求的卫生间、房间和外墙面的防渗漏，为5年；

（三）供热与供冷系统，为2个采暖期、供冷期；

(四)电气管线、给排水管道、设备安装和装修工程,为2年。

其他项目的保修期限由发包方与承包方约定。

建设工程的保修期,自竣工验收合格之日起计算。

第四十一条　建设工程在保修范围和保修期限内发生质量问题的,施工单位应当履行保修义务,并对造成的损失承担赔偿责任。

第四十二条　建设工程在超过合理使用年限后需要继续使用的,产权所有人应当委托具有相应资质等级的勘察、设计单位鉴定,并根据鉴定结果采取加固、维修等措施,重新界定使用期。

第七章　监督管理

第四十三条　国家实行建设工程质量监督管理制度。

国务院建设行政主管部门对全国的建设工程质量实施统一监督管理。国务院铁路、交通、水利等有关部门按照国务院规定的职责分工,负责对全国的有关专业建设工程质量的监督管理。

县级以上地方人民政府建设行政主管部门对本行政区域内的建设工程质量实施监督管理。县级以上地方人民政府交通、水利等有关部门在各自的职责范围内,负责对本行政区域内的专业建设工程质量的监督管理。

第四十四条　国务院建设行政主管部门和国务院铁路、交通、水利等有关部门应当加强对有关建设工程质量的法律、法规和强制性标准执行情况的监督检查。

第四十五条　国务院发展计划部门按照国务院规定的职责,组织稽察特派员,对国家出资的重大建设项目实施监督检查。

国务院经济贸易主管部门按照国务院规定的职责,对国家重大技术改造项目实施监督检查。

第四十六条　建设工程质量监督管理,可以由建设行政主管部门或者其他有关部门委托的建设工程质量监督机构具体实施。

从事房屋建筑工程和市政基础设施工程质量监督的机构,必须按照国家有关规定经国务院建设行政主管部门或者省、自治区、直辖市人民政府建设行政主管部门考核;从事专业建设工程质量监督的机构,必须按照国家有关规定经国务院有关部门或者省、自治区、直辖市人民政府有关部门考核。经考核合格后,方可实施质量监督。

第四十七条　县级以上地方人民政府建设行政主管部门和其他有关部门应当加强对有关建设工程质量的法律、法规和强制性标准执行情况的监督检查。

第四十八条　县级以上人民政府建设行政主管部门和其他有关部门履行监督检查职责时,有权采取下列措施:

（一）要求被检查的单位提供有关工程质量的文件和资料;

（二）进入被检查单位的施工现场进行检查;

（三）发现有影响工程质量的问题时,责令改正。

第四十九条　建设单位应当自建设工程竣工验收合格之日起15日内,将建设工程竣工验收报告和规划、公安消防、环保等部门出具的认可文件或者准许使用文件报建设行政主管部门或者其他有关部门备案。

建设行政主管部门或者其他有关部门发现建设单位在竣工验收过程中有违反国家有关建设工程质量管理规定行为的,责令停止使用,重新组织竣工验收。

第五十条　有关单位和个人对县级以上人民政府建设行政主管部门和其他有关部门进行的监督检查应当支持与配合,不得拒绝或者阻碍建设工程质量监督检查人员依法执行职务。

第五十一条　供水、供电、供气、公安消防等部门或者单位不得明示或者暗示建设单位、施工单位购买其指定的生产供应单位的建筑材料、建筑构配件和设备。

第五十二条　建设工程发生质量事故,有关单位应当在24小时内向当地建设行政主管部门和其他有关部门报告。对重大质量事故,事故发生地的建设行政主管部门和其他有关部门应当按照事故类别和等级向当地人民政府和上级建设行政主管部门和其他有关部门报告。

特别重大质量事故的调查程序按照国务院有关规定办理。

第五十三条 任何单位和个人对建设工程的质量事故、质量缺陷都有权检举、控告、投诉。

第八章 罚 则

第五十四条 违反本条例规定,建设单位将建设工程发包给不具有相应资质等级的勘察、设计、施工单位或者委托给不具有相应资质等级的工程监理单位的,责令改正,处50万元以上100万元以下的罚款。

第五十五条 违反本条例规定,建设单位将建设工程肢解发包的,责令改正,处工程合同价款百分之零点五以上百分之一以下的罚款;对全部或者部分使用国有资金的项目,并可以暂停项目执行或者暂停资金拨付。

第五十六条 违反本条例规定,建设单位有下列行为之一的,责令改正,处20万元以上50万元以下的罚款:

(一)迫使承包方以低于成本的价格竞标的;

(二)任意压缩合理工期的;

(三)明示或者暗示设计单位或者施工单位违反工程建设强制性标准,降低工程质量的;

(四)施工图设计文件未经审查或者审查不合格,擅自施工的;

(五)建设项目必须实行工程监理而未实行工程监理的;

(六)未按照国家规定办理工程质量监督手续的;

(七)明示或者暗示施工单位使用不合格的建筑材料、建筑构配件和设备的;

(八)未按照国家规定将竣工验收报告、有关认可文件或者准许使用文件报送备案的。

第五十七条 违反本条例规定,建设单位未取得施工许可证或者开工报告未经批准,擅自施工的,责令停止施工,限期改正,处工程合同价款百分之一以上百分之二以下的罚款。

第五十八条　违反本条例规定,建设单位有下列行为之一的,责令改正,处工程合同价款百分之二以上百分之四以下的罚款;造成损失的,依法承担赔偿责任;

(一)未组织竣工验收,擅自交付使用的;

(二)验收不合格,擅自交付使用的;

(三)对不合格的建设工程按照合格工程验收的。

第五十九条　违反本条例规定,建设工程竣工验收后,建设单位未向建设行政主管部门或者其他有关部门移交建设项目档案的,责令改正,处1万元以上10万元以下的罚款。

第六十条　违反本条例规定,勘察、设计、施工、工程监理单位超越本单位资质等级承揽工程的,责令停止违法行为,对勘察、设计单位或者工程监理单位处合同约定的勘察费、设计费或者监理酬金1倍以上2倍以下的罚款;对施工单位处工程合同价款百分之二以上百分之四以下的罚款,可以责令停业整顿,降低资质等级;情节严重的,吊销资质证书;有违法所得的,予以没收。

未取得资质证书承揽工程的,予以取缔,依照前款规定处以罚款;有违法所得的,予以没收。

以欺骗手段取得资质证书承揽工程的,吊销资质证书,依照本条第一款规定处以罚款;有违法所得的,予以没收。

第六十一条　违反本条例规定,勘察、设计、施工、工程监理单位允许其他单位或者个人以本单位名义承揽工程的,责令改正,没收违法所得,对勘察、设计单位和工程监理单位处合同约定的勘察费、设计费和监理酬金1倍以上2倍以下的罚款;对施工单位处工程合同价款百分之二以上百分之四以下的罚款;可以责令停业整顿,降低资质等级;情节严重的,吊销资质证书。

第六十二条　违反本条例规定,承包单位将承包的工程转包或者违法分包的,责令改正,没收违法所得,对勘察、设计单位处合同约定的勘察费、设计费百分之二十五以上百分之五十以下的罚款;对施工单位处工程合同价款百分之零点五以上百分之一以下的罚款;可以责令停业整顿,降低资质等级;情节严重的,吊销资质证书。

工程监理单位转让工程监理业务的,责令改正,没收违法所得,处合同约定的监理酬金百分之二十五以上百分之五十以下的罚款;可以责令停业整顿,降低资质等级;情节严重的,吊销资质证书。

第六十三条 违反本条例规定,有下列行为之一的,责令改正,处10万元以上30万元以下的罚款:

(一)勘察单位未按照工程建设强制性标准进行勘察的;

(二)设计单位未根据勘察成果文件进行工程设计的;

(三)设计单位指定建筑材料、建筑构配件的生产厂、供应商的;

(四)设计单位未按照工程建设强制性标准进行设计的。

有前款所列行为,造成工程质量事故的,责令停业整顿,降低资质等级;情节严重的,吊销资质证书;造成损失的,依法承担赔偿责任。

第六十四条 违反本条例规定,施工单位在施工中偷工减料的,使用不合格的建筑材料、建筑构配件和设备的,或者有不按照工程设计图纸或者施工技术标准施工的其他行为的,责令改正,处工程合同价款百分之二以上百分之四以下的罚款;造成建设工程质量不符合规定的质量标准的,负责返工、修理,并赔偿因此造成的损失;情节严重的,责令停业整顿,降低资质等级或者吊销资质证书。

第六十五条 违反本条例规定,施工单位未对建筑材料、建筑构配件、设备和商品混凝土进行检验,或者未对涉及结构安全的试块、试件以及有关材料取样检测的,责令改正,处10万元以上20万元以下的罚款;情节严重的,责令停业整顿,降低资质等级或者吊销资质证书;造成损失的,依法承担赔偿责任。

第六十六条 违反本条例规定,施工单位不履行保修义务或者拖延履行保修义务的,责令改正,处10万元以上20万元以下的罚款,并对在保修期内因质量缺陷造成的损失承担赔偿责任。

第六十七条 工程监理单位有下列行为之一的,责令改正,处50万元以

上100万元以下的罚款,降低资质等级或者吊销资质证书;有违法所得的,予以没收;造成损失的,承担连带赔偿责任:

（一）与建设单位或者施工单位串通,弄虚作假、降低工程质量的;

（二）将不合格的建设工程、建筑材料、建筑构配件和设备按照合格签字的。

第六十八条　违反本条例规定,工程监理单位与被监理工程的施工承包单位以及建筑材料、建筑构配件和设备供应单位有隶属关系或者其他利害关系承担该项建设工程的监理业务的,责令改正,处5万元以上10万元以下的罚款,降低资质等级或者吊销资质证书;有违法所得的,予以没收。

第六十九条　违反本条例规定,涉及建筑主体或者承重结构变动的装修工程,没有设计方案擅自施工的,责令改正,处50万元以上100万元以下的罚款;房屋建筑使用者在装修过程中擅自变动房屋建筑主体和承重结构的,责令改正,处5万元以上10万元以下的罚款。

有前款所列行为,造成损失的,依法承担赔偿责任。

第七十条　发生重大工程质量事故隐瞒不报、谎报或者拖延报告期限的,对直接负责的主管人员和其他责任人员依法给予行政处分。

第七十一条　违反本条例规定,供水、供电、供气、公安消防等部门或者单位明示或者暗示建设单位或者施工单位购买其指定的生产供应单位的建筑材料、建筑构配件和设备的,责令改正。

第七十二条　违反本条例规定,注册建筑师、注册结构工程师、监理工程师等注册执业人员因过错造成质量事故的,责令停止执业1年;造成重大质量事故的,吊销执业资格证书,5年以内不予注册;情节特别恶劣的,终身不予注册。

第七十三条　依照本条例规定,给予单位罚款处罚的,对单位直接负责的主管人员和其他直接责任人员处单位罚款数额百分之五以上百分之十以下的罚款。

第七十四条　建设单位、设计单位、施工单位、工程监理单位违反国家规定,降低工程质量标准,造成重大安全事故,构成犯罪的,对直接责任人员依法追究刑事责任。

第七十五条 本条例规定的责令停业整顿,降低资质等级和吊销资质证书的行政处罚,由颁发资质证书的机关决定;其他行政处罚,由建设行政主管部门或者其他有关部门依照法定职权决定。

依照本条例规定被吊销资质证书的,由工商行政管理部门吊销其营业执照。

第七十六条 国家机关工作人员在建设工程质量监督管理工作中玩忽职守、滥用职权、徇私舞弊,构成犯罪的,依法追究刑事责任;尚不构成犯罪的,依法给予行政处分。

第七十七条 建设、勘察、设计、施工、工程监理单位的工作人员因调动工作、退休等原因离开该单位后,被发现在该单位工作期间违反国家有关建设工程质量管理规定,造成重大工程质量事故的,仍应当依法追究法律责任。

第九章 附 则

第七十八条 本条例所称肢解发包,是指建设单位将应当由一个承包单位完成的建设工程分解成若干部分发包给不同的承包单位的行为。

本条例所称违法分包,是指下列行为:

(一)总承包单位将建设工程分包给不具备相应资质条件的单位的;

(二)建设工程总承包合同中未有约定,又未经建设单位认可,承包单位将其承包的部分建设工程交由其他单位完成的;

(三)施工总承包单位将建设工程主体结构的施工分包给其他单位的;

(四)分包单位将其承包的建设工程再分包的。

本条例所称转包,是指承包单位承包建设工程后,不履行合同约定的责任和义务,将其承包的全部建设工程转给他人或者将其承包的全部建设工程肢解以后以分包的名义分别转给其他单位承包的行为。

第七十九条 本条例规定的罚款和没收的违法所得,必须全部上缴国库。

第八十条　抢险救灾及其他临时性房屋建筑和农民自建低层住宅的建设活动,不适用本条例。

第八十一条　军事建设工程的管理,按照中央军事委员会的有关规定执行。

第八十二条　本条例自发布之日起施行。

附:刑法有关条款

第一百三十七条　建设单位、设计单位、施工单位、工程监理单位违反国家规定,降低工程质量标准,造成重大安全事故的,对直接责任人员处五年以下有期徒刑或者拘役,并处罚金;后果特别严重的,处五年以上十年以下有期徒刑,并处罚金。

附件二　建设工程安全生产管理条例

（国务院令　第393号）

第一章　总　　则

第一条　为了加强建设工程安全生产监督管理，保障人民群众生命和财产安全，根据《中华人民共和国建筑法》、《中华人民共和国安全生产法》，制定本条例。

第二条　在中华人民共和国境内从事建设工程的新建、扩建、改建和拆除等有关活动及实施对建设工程安全生产的监督管理，必须遵守本条例。

本条例所称建设工程，是指土木工程、建筑工程、线路管道和设备安装工程及装修工程。

第三条　建设工程安全生产管理，坚持安全第一、预防为主的方针。

第四条　建设单位、勘察单位、设计单位、施工单位、工程监理单位及其他与建设工程安全生产有关的单位，必须遵守安全生产法律、法规的规定，保证建设工程安全生产，依法承担建设工程安全生产责任。

第五条　国家鼓励建设工程安全生产的科学技术研究和先进技术的推广应用，推进建设工程安全生产的科学管理。

第二章　建设单位的安全责任

第六条　建设单位应当向施工单位提供施工现场及毗邻区域内供水、排水、供电、供气、供热、通信、广播电视等地下管线资料，气象和水文观测资料，相邻建筑物和构筑物、地下工程的有关资料，并保证资料的真实、准确、完整。

建设单位因建设工程需要，向有关部门或者单位查询前款规定的资料时，有关部门或者单位应当及时提供。

第七条　建设单位不得对勘察、设计、施工、工程监理等单位提出不符合建设工程安全生产法律、法规和强制性标准规定的要求,不得压缩合同约定的工期。

第八条　建设单位在编制工程概算时,应当确定建设工程安全作业环境及安全施工措施所需费用。

第九条　建设单位不得明示或者暗示施工单位购买、租赁、使用不符合安全施工要求的安全防护用具、机械设备、施工机具及配件、消防设施和器材。

第十条　建设单位在申请领取施工许可证时,应当提供建设工程有关安全施工措施的资料。

依法批准开工报告的建设工程,建设单位应当自开工报告批准之日起15日内,将保证安全施工的措施报送建设工程所在地的县级以上地方人民政府建设行政主管部门或者其他有关部门备案。

第十一条　建设单位应当将拆除工程发包给具有相应资质等级的施工单位。

建设单位应当在拆除工程施工15日前,将下列资料报送建设工程所在地的县级以上地方人民政府建设行政主管部门或者其他有关部门备案:

(一)施工单位资质等级证明;

(二)拟拆除建筑物、构筑物及可能危及毗邻建筑的说明;

(三)拆除施工组织方案;

(四)堆放、清除废弃物的措施。

实施爆破作业的,应当遵守国家有关民用爆炸物品管理的规定。

第三章　勘察、设计、工程监理及其他有关单位的安全责任

第十二条　勘察单位应当按照法律、法规和工程建设强制性标准进行勘察,提供的勘察文件应当真实、准确,满足建设工程安全生产的需要。

勘察单位在勘察作业时,应当严格执行操作规程,采取措施保证各类管线、设施和周边建筑物、构筑物的安全。

第十三条　设计单位应当按照法律、法规和工程建设强制性标准进行设

计，防止因设计不合理导致生产安全事故的发生。

设计单位应当考虑施工安全操作和防护的需要，对涉及施工安全的重点部位和环节在设计文件中注明，并对防范生产安全事故提出指导意见。

采用新结构、新材料、新工艺的建设工程和特殊结构的建设工程，设计单位应当在设计中提出保障施工作业人员安全和预防生产安全事故的措施建议。

设计单位和注册建筑师等注册执业人员应当对其设计负责。

第十四条 工程监理单位应当审查施工组织设计中的安全技术措施或者专项施工方案是否符合工程建设强制性标准。

工程监理单位在实施监理过程中，发现存在安全事故隐患的，应当要求施工单位整改；情况严重的，应当要求施工单位暂时停止施工，并及时报告建设单位。施工单位拒不整改或者不停止施工的，工程监理单位应当及时向有关主管部门报告。

工程监理单位和监理工程师应当按照法律、法规和工程建设强制性标准实施监理，并对建设工程安全生产承担监理责任。

第十五条 为建设工程提供机械设备和配件的单位，应当按照安全施工的要求配备齐全有效的保险、限位等安全设施和装置。

第十六条 出租的机械设备和施工机具及配件，应当具有生产（制造）许可证、产品合格证。

出租单位应当对出租的机械设备和施工机具及配件的安全性能进行检测，在签订租赁协议时，应当出具检测合格证明。

禁止出租检测不合格的机械设备和施工机具及配件。

第十七条 在施工现场安装、拆卸施工起重机械和整体提升脚手架、模板等自升式架设设施，必须由具有相应资质的单位承担。

安装、拆卸施工起重机械和整体提升脚手架、模板等自升式架设设施，应当编制拆装方案、制定安全施工措施，并由专业技术人员现场监督。

施工起重机械和整体提升脚手架、模板等自升式架设设施安装完毕后，安装单位应当自检,出具自检合格证明,并向施工单位进行安全使用说明,办理验收手续并签字。

第十八条 施工起重机械和整体提升脚手架、模板等自升式架设设施的使用达到国家规定的检验检测期限的,必须经具有专业资质的检验检测机构检测。经检测不合格的,不得继续使用。

第十九条 检验检测机构对检测合格的施工起重机械和整体提升脚手架、模板等自升式架设设施,应当出具安全合格证明文件,并对检测结果负责。

第四章 施工单位的安全责任

第二十条 施工单位从事建设工程的新建、扩建、改建和拆除等活动,应当具备国家规定的注册资本、专业技术人员、技术装备和安全生产等条件,依法取得相应等级的资质证书,并在其资质等级许可的范围内承揽工程。

第二十一条 施工单位主要负责人依法对本单位的安全生产工作全面负责。施工单位应当建立健全安全生产责任制度和安全生产教育培训制度,制定安全生产规章制度和操作规程,保证本单位安全生产条件所需资金的投入,对所承担的建设工程进行定期和专项安全检查,并做好安全检查记录。

施工单位的项目负责人应当由取得相应执业资格的人员担任,对建设工程项目的安全施工负责,落实安全生产责任制度、安全生产规章制度和操作规程,确保安全生产费用的有效使用,并根据工程的特点组织制定安全施工措施,消除安全事故隐患,及时、如实报告生产安全事故。

第二十二条 施工单位对列入建设工程概算的安全作业环境及安全施工措施所需费用,应当用于施工安全防护用具及设施的采购和更新、安全施工措施的落实、安全生产条件的改善,不得挪作他用。

第二十三条 施工单位应当设立安全生产管理机构,配备专职安全生产管理人员。

专职安全生产管理人员负责对安全生产进行现场监督检查。发现安全事故隐患,应当及时向项目负责人和安全生产管理机构报告;对违章指挥、违章操作的,应当立即制止。

专职安全生产管理人员的配备办法由国务院建设行政主管部门会同国务院其他有关部门制定。

第二十四条 建设工程实行施工总承包的,由总承包单位对施工现场的安全生产负总责。

总承包单位应当自行完成建设工程主体结构的施工。

总承包单位依法将建设工程分包给其他单位的,分包合同中应当明确各自的安全生产方面的权利、义务。总承包单位和分包单位对分包工程的安全生产承担连带责任。

分包单位应当服从总承包单位的安全生产管理,分包单位不服从管理导致生产安全事故的,由分包单位承担主要责任。

第二十五条 垂直运输机械作业人员、安装拆卸工、爆破作业人员、起重信号工、登高架设作业人员等特种作业人员,必须按照国家有关规定经过专门的安全作业培训,并取得特种作业操作资格证书后,方可上岗作业。

第二十六条 施工单位应当在施工组织设计中编制安全技术措施和施工现场临时用电方案,对下列达到一定规模的危险性较大的分部分项工程编制专项施工方案,并附具安全验算结果,经施工单位技术负责人、总监理工程师签字后实施,由专职安全生产管理人员进行现场监督:

(一)基坑支护与降水工程;

(二)土方开挖工程;

(三)模板工程;

(四)起重吊装工程;

(五)脚手架工程;

(六)拆除、爆破工程;

(七)国务院建设行政主管部门或者其他有关部门规定的其他危险性较大的工程。

对前款所列工程中涉及深基坑、地下暗挖工程、高大模板工程的专项施工方案,施工单位还应当组织专家进行论证、审查。

本条第一款规定的达到一定规模的危险性较大工程的标准,由国务院建设行政主管部门会同国务院其他有关部门制定。

第二十七条　建设工程施工前,施工单位负责项目管理的技术人员应当对有关安全施工的技术要求向施工作业班组、作业人员作出详细说明,并由双方签字确认。

第二十八条　施工单位应当在施工现场入口处、施工起重机械、临时用电设施、脚手架、出入通道口、楼梯口、电梯井口、孔洞口、桥梁口、隧道口、基坑边沿、爆破物及有害危险气体和液体存放处等危险部位,设置明显的安全警示标志。安全警示标志必须符合国家标准。

施工单位应当根据不同施工阶段和周围环境及季节、气候的变化,在施工现场采取相应的安全施工措施。施工现场暂时停止施工的,施工单位应当做好现场防护,所需费用由责任方承担,或者按照合同约定执行。

第二十九条　施工单位应当将施工现场的办公、生活区与作业区分开设置,并保持安全距离;办公、生活区的选址应当符合安全性要求。职工的膳食、饮水、休息场所等应当符合卫生标准。施工单位不得在尚未竣工的建筑物内设置员工集体宿舍。

施工现场临时搭建的建筑物应当符合安全使用要求。施工现场使用的装配式活动房屋应当具有产品合格证。

第三十条　施工单位对因建设工程施工可能造成损害的毗邻建筑物、构筑物和地下管线等,应当采取专项防护措施。

施工单位应当遵守有关环境保护法律、法规的规定,在施工现场采取措施,防止或者减少粉尘、废气、废水、固体废物、噪声、振动和施工照明对人和环境的危害和污染。

在城市市区内的建设工程,施工单位应当对施工现场实行封闭围挡。

第三十一条　施工单位应当在施工现场建立消防安全责任制度,确定消防安全责任人,制定用火、用电、使用易燃易爆材料等各项消防安全管理制度和操作规程,设置消防通道、消防水源,配备消防设施和灭火器材,并在施工现场入口处设置明显标志。

第三十二条 施工单位应当向作业人员提供安全防护用具和安全防护服装,并书面告知危险岗位的操作规程和违章操作的危害。

作业人员有权对施工现场的作业条件、作业程序和作业方式中存在的安全问题提出批评、检举和控告,有权拒绝违章指挥和强令冒险作业。

在施工中发生危及人身安全的紧急情况时,作业人员有权立即停止作业或者在采取必要的应急措施后撤离危险区域。

第三十三条 作业人员应当遵守安全施工的强制性标准、规章制度和操作规程,正确使用安全防护用具、机械设备等。

第三十四条 施工单位采购、租赁的安全防护用具、机械设备、施工机具及配件,应当具有生产(制造)许可证、产品合格证,并在进入施工现场前进行查验。

施工现场的安全防护用具、机械设备、施工机具及配件必须由专人管理,定期进行检查、维修和保养,建立相应的资料档案,并按照国家有关规定及时报废。

第三十五条 施工单位在使用施工起重机械和整体提升脚手架、模板等自升式架设设施前,应当组织有关单位进行验收,也可以委托具有相应资质的检验检测机构进行验收;使用承租的机械设备和施工机具及配件的,由施工总承包单位、分包单位、出租单位和安装单位共同进行验收。验收合格的方可使用。

《特种设备安全监察条例》规定的施工起重机械,在验收前应当经有相应资质的检验检测机构监督检验合格。

施工单位应当自施工起重机械和整体提升脚手架、模板等自升式架设设施验收合格之日起30日内,向建设行政主管部门或者其他有关部门登记。登记标志应当置于或者附着于该设备的显著位置。

第三十六条 施工单位的主要负责人、项目负责人、专职安全生产管理人员应当经建设行政主管部门或者其他有关部门考核合格后方可任职。

施工单位应当对管理人员和作业人员每年至少进行一次安全生产教育培训,其教育培训情况记入个人工作档案。安全生产教育培训考核不合格的人员,不得上岗。

第三十七条 作业人员进入新的岗位或者新的施工现场前,应当接受安全生产教育培训。未经教育培训或者教育培训考核不合格的人员,不得上岗作业。

施工单位在采用新技术、新工艺、新设备、新材料时,应当对作业人员进行相应的安全生产教育培训。

第三十八条 施工单位应当为施工现场从事危险作业的人员办理意外伤害保险。

意外伤害保险费由施工单位支付。实行施工总承包的,由总承包单位支付意外伤害保险费。意外伤害保险期限自建设工程开工之日起至竣工验收合格止。

第五章 监督管理

第三十九条 国务院负责安全生产监督管理的部门依照《中华人民共和国安全生产法》的规定,对全国建设工程安全生产工作实施综合监督管理。

县级以上地方人民政府负责安全生产监督管理的部门依照《中华人民共和国安全生产法》的规定,对本行政区域内建设工程安全生产工作实施综合监督管理。

第四十条 国务院建设行政主管部门对全国的建设工程安全生产实施监督管理。国务院铁路、交通、水利等有关部门按照国务院规定的职责分工,负责有关专业建设工程安全生产的监督管理。

县级以上地方人民政府建设行政主管部门对本行政区域内的建设工程安全生产实施监督管理。县级以上地方人民政府交通、水利等有关部门在各自的职责范围内,负责本行政区域内的专业建设工程安全生产的监督管理。

第四十一条　建设行政主管部门和其他有关部门应当将本条例第十条、第十一条规定的有关资料的主要内容抄送同级负责安全生产监督管理的部门。

第四十二条　建设行政主管部门在审核发放施工许可证时,应当对建设工程是否有安全施工措施进行审查,对没有安全施工措施的,不得颁发施工许可证。

建设行政主管部门或者其他有关部门对建设工程是否有安全施工措施进行审查时,不得收取费用。

第四十三条　县级以上人民政府负有建设工程安全生产监督管理职责的部门在各自的职责范围内履行安全监督检查职责时,有权采取下列措施:

(一)要求被检查单位提供有关建设工程安全生产的文件和资料;

(二)进入被检查单位施工现场进行检查;

(三)纠正施工中违反安全生产要求的行为;

(四)对检查中发现的安全事故隐患,责令立即排除;重大安全事故隐患排除前或者排除过程中无法保证安全的,责令从危险区域内撤出作业人员或者暂时停止施工。

第四十四条　建设行政主管部门或者其他有关部门可以将施工现场的监督检查委托给建设工程安全监督机构具体实施。

第四十五条　国家对严重危及施工安全的工艺、设备、材料实行淘汰制度。具体目录由国务院建设行政主管部门会同国务院其他有关部门制定并公布。

第四十六条　县级以上人民政府建设行政主管部门和其他有关部门应当及时受理对建设工程生产安全事故及安全事故隐患的检举、控告和投诉。

第六章　生产安全事故的应急救援和调查处理

第四十七条　县级以上地方人民政府建设行政主管部门应当根据本级人民政府的要求,制定本行政区域内建设工程特大生产安全事故应急救援预案。

第四十八条　施工单位应当制定本单位生产安全事故应急救援预案,建立应急救援组织或者配备应急救援人员,配备必要的应急救援器材、设备,并定期组织演练。

第四十九条 施工单位应当根据建设工程施工的特点、范围,对施工现场易发生重大事故的部位、环节进行监控,制定施工现场生产安全事故应急救援预案。实行施工总承包的,由总承包单位统一组织编制建设工程生产安全事故应急救援预案,工程总承包单位和分包单位按照应急救援预案,各自建立应急救援组织或者配备应急救援人员,配备救援器材、设备,并定期组织演练。

第五十条 施工单位发生生产安全事故,应当按照国家有关伤亡事故报告和调查处理的规定,及时、如实地向负责安全生产监督管理的部门、建设行政主管部门或者其他有关部门报告;特种设备发生事故的,还应当同时向特种设备安全监督管理部门报告。接到报告的部门应当按照国家有关规定,如实上报。

实行施工总承包的建设工程,由总承包单位负责上报事故。

第五十一条 发生生产安全事故后,施工单位应当采取措施防止事故扩大,保护事故现场。需要移动现场物品时,应当做出标记和书面记录,妥善保管有关证物。

第五十二条 建设工程生产安全事故的调查、对事故责任单位和责任人的处罚与处理,按照有关法律、法规的规定执行。

第七章 法律责任

第五十三条 违反本条例的规定,县级以上人民政府建设行政主管部门或者其他有关行政管理部门的工作人员,有下列行为之一的,给予降级或者撤职的行政处分;构成犯罪的,依照刑法有关规定追究刑事责任:

(一)对不具备安全生产条件的施工单位颁发资质证书的;

(二)对没有安全施工措施的建设工程颁发施工许可证的;

(三)发现违法行为不予查处的;

(四)不依法履行监督管理职责的其他行为。

第五十四条 违反本条例的规定,建设单位未提供建设工程安全生产作业环境及安全施工措施所需费用的,责令限期改正;逾期未改正的,责令该建设工程停止施工。

建设单位未将保证安全施工的措施或者拆除工程的有关资料报送有关部门备案的,责令限期改正,给予警告。

第五十五条 违反本条例的规定,建设单位有下列行为之一的,责令限期改正,处20万元以上50万元以下的罚款;造成重大安全事故,构成犯罪的,对直接责任人员,依照刑法有关规定追究刑事责任;造成损失的,依法承担赔偿责任:

(一)对勘察、设计、施工、工程监理等单位提出不符合安全生产法律、法规和强制性标准规定的要求的;

(二)要求施工单位压缩合同约定的工期的;

(三)将拆除工程发包给不具有相应资质等级的施工单位的。

第五十六条 违反本条例的规定,勘察单位、设计单位有下列行为之一的,责令限期改正,处10万元以上30万元以下的罚款;情节严重的,责令停业整顿,降低资质等级,直至吊销资质证书;造成重大安全事故,构成犯罪的,对直接责任人员,依照刑法有关规定追究刑事责任;造成损失的,依法承担赔偿责任:

(一)未按照法律、法规和工程建设强制性标准进行勘察、设计的;

(二)采用新结构、新材料、新工艺的建设工程和特殊结构的建设工程,设计单位未在设计中提出保障施工作业人员安全和预防生产安全事故的措施建议的。

第五十七条 违反本条例的规定,工程监理单位有下列行为之一的,责令限期改正;逾期未改正的,责令停业整顿,并处10万元以上30万元以下的罚款;情节严重的,降低资质等级,直至吊销资质证书;造成重大安全事故,构成犯罪的,对直接责任人员,依照刑法有关规定追究刑事责任;造成损失的,依法承担赔偿责任:

（一）未对施工组织设计中的安全技术措施或者专项施工方案进行审查的；

（二）发现安全事故隐患未及时要求施工单位整改或者暂时停止施工的；

（三）施工单位拒不整改或者不停止施工，未及时向有关主管部门报告的；

（四）未依照法律、法规和工程建设强制性标准实施监理的。

第五十八条　注册执业人员未执行法律、法规和工程建设强制性标准的，责令停止执业3个月以上1年以下；情节严重的，吊销执业资格证书，5年内不予注册；造成重大安全事故的，终身不予注册；构成犯罪的，依照刑法有关规定追究刑事责任。

第五十九条　违反本条例的规定，为建设工程提供机械设备和配件的单位，未按照安全施工的要求配备齐全有效的保险、限位等安全设施和装置的，责令限期改正，处合同价款1倍以上3倍以下的罚款；造成损失的，依法承担赔偿责任。

第六十条　违反本条例的规定，出租单位出租未经安全性能检测或者经检测不合格的机械设备和施工机具及配件的，责令停业整顿，并处5万元以上10万元以下的罚款；造成损失的，依法承担赔偿责任。

第六十一条　违反本条例的规定，施工起重机械和整体提升脚手架、模板等自升式架设设施安装、拆卸单位有下列行为之一的，责令限期改正，处5万元以上10万元以下的罚款；情节严重的，责令停业整顿，降低资质等级，直至吊销资质证书；造成损失的，依法承担赔偿责任：

（一）未编制拆装方案、制定安全施工措施的；

（二）未由专业技术人员现场监督的；

（三）未出具自检合格证明或者出具虚假证明的；

（四）未向施工单位进行安全使用说明，办理移交手续的。

施工起重机械和整体提升脚手架、模板等自升式架设设施安装、拆卸单位有前款规定的第（一）项、第（三）项行为，经有关部门或者单位职工提出后，对事故隐患仍不采取措施,因而发生重大伤亡事故或者造成其他严重后果,构成犯罪的,对直接责任人员,依照刑法有关规定追究刑事责任。

第六十二条 违反本条例的规定,施工单位有下列行为之一的,责令限期改正;逾期未改正的,责令停业整顿,依照《中华人民共和国安全生产法》的有关规定处以罚款;造成重大安全事故,构成犯罪的,对直接责任人员,依照刑法有关规定追究刑事责任:

(一)未设立安全生产管理机构、配备专职安全生产管理人员或者分部分项工程施工时无专职安全生产管理人员现场监督的;

(二)施工单位的主要负责人、项目负责人、专职安全生产管理人员、作业人员或者特种作业人员,未经安全教育培训或者经考核不合格即从事相关工作的;

(三)未在施工现场的危险部位设置明显的安全警示标志,或者未按照国家有关规定在施工现场设置消防通道、消防水源、配备消防设施和灭火器材的;

(四)未向作业人员提供安全防护用具和安全防护服装的;

(五)未按照规定在施工起重机械和整体提升脚手架、模板等自升式架设设施验收合格后登记的;

(六)使用国家明令淘汰、禁止使用的危及施工安全的工艺、设备、材料的。

第六十三条 违反本条例的规定,施工单位挪用列入建设工程概算的安全生产作业环境及安全施工措施所需费用的,责令限期改正,处挪用费用20%以上50%以下的罚款;造成损失的,依法承担赔偿责任。

第六十四条 违反本条例的规定,施工单位有下列行为之一的,责令限期改正;逾期未改正的,责令停业整顿,并处5万元以上10万元以下的罚款;造成重大安全事故,构成犯罪的,对直接责任人员,依照刑法有关规定追究刑事责任:

(一)施工前未对有关安全施工的技术要求作出详细说明的;

（二）未根据不同施工阶段和周围环境及季节、气候的变化,在施工现场采取相应的安全施工措施,或者在城市市区内的建设工程的施工现场未实行封闭围挡的;

（三）在尚未竣工的建筑物内设置员工集体宿舍的;

（四）施工现场临时搭建的建筑物不符合安全使用要求的;

（五）未对因建设工程施工可能造成损害的毗邻建筑物、构筑物和地下管线等采取专项防护措施的。

施工单位有前款规定第(四)项、第(五)项行为,造成损失的,依法承担赔偿责任。

第六十五条 违反本条例的规定,施工单位有下列行为之一的,责令限期改正;逾期未改正的,责令停业整顿,并处10万元以上30万元以下的罚款;情节严重的,降低资质等级,直至吊销资质证书;造成重大安全事故,构成犯罪的,对直接责任人员,依照刑法有关规定追究刑事责任;造成损失的,依法承担赔偿责任:

（一）安全防护用具、机械设备、施工机具及配件在进入施工现场前未经查验或者查验不合格即投入使用的;

（二）使用未经验收或者验收不合格的施工起重机械和整体提升脚手架、模板等自升式架设设施的;

（三）委托不具有相应资质的单位承担施工现场安装、拆卸施工起重机械和整体提升脚手架、模板等自升式架设设施的;

（四）在施工组织设计中未编制安全技术措施、施工现场临时用电方案或者专项施工方案的。

第六十六条 违反本条例的规定,施工单位的主要负责人、项目负责人未履行安全生产管理职责的,责令限期改正;逾期未改正的,责令施工单位停业整顿;造成重大安全事故、重大伤亡事故或者其他严重后果,构成犯罪的,依照刑法有关规定追究刑事责任。

作业人员不服管理、违反规章制度和操作规程冒险作业造成重大伤亡事故或者其他严重后果,构成犯罪的,依照刑法有关规定追究刑事责任。

施工单位的主要负责人、项目负责人有前款违法行为,尚不够刑事处罚的,处2万元以上20万元以下的罚款或者按照管理权限给予撤职处分;自刑罚执行完毕或者受处分之日起,5年内不得担任任何施工单位的主要负责人、项目负责人。

第六十七条 施工单位取得资质证书后,降低安全生产条件的,责令限期改正;经整改仍未达到与其资质等级相适应的安全生产条件的,责令停业整顿,降低其资质等级直至吊销资质证书。

第六十八条 本条例规定的行政处罚,由建设行政主管部门或者其他有关部门依照法定职权决定。

违反消防安全管理规定的行为,由公安消防机构依法处罚。

有关法律、行政法规对建设工程安全生产违法行为的行政处罚决定机关另有规定的,从其规定。

第八章 附 则

第六十九条 抢险救灾和农民自建低层住宅的安全生产管理,不适用本条例。

第七十条 军事建设工程的安全生产管理,按照中央军事委员会的有关规定执行。

第七十一条 本条例自2004年2月1日起施行。

附件三 交通运输部关于深化公路建设管理体制改革的若干意见

(交公路发〔2015〕54号)

各省、自治区、直辖市、新疆生产建设兵团交通运输厅(局、委):

为深入推进交通运输改革,全面推行现代工程管理,提高公路建设管理水平,现就深化公路建设管理体制改革提出如下意见:

一、深化改革的指导思想和基本原则

(一)指导思想。

贯彻落实党的十八大、十八届三中、四中全会精神,按照全面深化改革、全面推进依法治国、推进国家治理体系和治理能力现代化的总体要求,处理好政府和市场的关系,使市场在资源配置中起决定性作用和更好发挥政府作用,以完善市场机制、创新管理模式和政府监管方式、落实建设管理责任为重点,改革完善建设管理制度,建立与现代工程管理相适应的公路建设管理体系,为促进公路建设科学发展、安全发展提供制度保障。

(二)基本原则。

依法管理。完善公路建设管理相关法律法规,推进公路建设法治化,做到依法建设,依法管理,依法监督。

责权一致。明确公路建设项目相关主体的责权,做到责权对等、责任落实。

科学高效。整合项目管理职责,减少管理层级,创新管理模式,推行专业化管理,提高管理效能和建设管理水平。

公开透明。健全和规范公路建设市场,加强政府监管,规范权力运行,铲除公路建设中滋生腐败行为的土壤和条件。

二、完善公路建设管理四项制度

(三)落实项目法人责任制。

公路建设项目法人由项目出资人和项目建设管理法人组成。项目出资人依法履行出资人职责;项目建设管理法人是经依法设立或认定,具有注册法人资格的企、事业单位,负责公路项目的建设管理,承担工程质量、安全、进度、投资控制等法定责任。

公路建设项目应实行项目法人责任制。对于目前由地方政府或交通运输主管部门直接负责建设管理的国省干线公路、农村公路项目,应按照政企分开、政事分开、监管与执行分开的原则,逐步过渡到由公路管理机构履行项目建设管理法人职责,或通过代建方式由专业化的项目管理单位负责建设。

按照项目投资性质,政府作为出资人的,应依法确定企业或事业单位作为建设管理法人;企业作为出资人的,应组建项目建设管理法人。项目建设管理法人应具备与项目建设管理相适应的管理能力,并承担项目建设管理职能及相应的法律责任。当项目建设管理法人不具备相应的项目建设管理能力时,应委托符合项目建设管理要求的代建单位进行建设管理,并依法承担各自相应的法律责任。项目法人在报送项目设计文件时,应将项目建设管理法人相关资料做为文件的组成内容一并上报。交通运输主管部门在设计审批时,应对项目建设管理法人的管理能力情况进行审核。对不满足项目建设管理要求的,应按规定要求其补充完善或委托代建。

地方交通运输主管部门应按照交通运输部《关于进一步加强公路项目建设单位管理的若干意见》(交公路发〔2011〕438号),结合本地区实际及具体项目情况,制定针对项目的建设管理能力要求,主要包括项目管理机构组成、职责分工、项目负责人等关键岗位人员的配置及资格、工程建设管理经验等方面内容。

交通运输主管部门要以项目为单位对项目建设管理法人和法人代表及项目管理主要人员开展考核和信用评价,不断完善对项目建设管理法人的监督约束机制和责任追究机制。考核内容涵盖项目建设管理法人和主要负责人的管理行为和项目建设的质量、安全、进度、造价等控制情况。通过考核激励和责任追究,强化项目建设管理法人的主体意识和责任意识,提高项目管理专业化水平。

（四）改革工程监理制。

坚持和完善工程监理制，更好地发挥监理作用。按照项目的投资类型及建设管理模式，由项目建设管理法人自主决定工程监理的实现形式。

明确监理定位。工程监理在项目管理中不作为独立的第三方，监理单位是对委托人负责的受托方，按合同要求和监理规范提供监理咨询服务。

明确监理职责和权利。监理工作是项目建设管理工作的重要组成部分。监理单位根据项目建设管理法人要求，按照合同约定的权利和义务，依法、依合同开展监理工作。工程施工质量和安全的第一责任人是施工单位，勘察设计质量和安全的第一责任人是勘察设计单位，监理单位依法承担监理合同范围内规定的相应责任。

调整完善监理工作机制。监理工作应改进方式，以质量、安全为重点，加强程序控制、工序验收和抽检评定，加强对隐蔽工程和关键部位的监理，精简内业工作量，明确环境监理和安全监理工作内容，落实对质量安全等问题的监督权和否决权。

引导监理企业和监理从业人员转型发展。引导监理企业逐步向代建、咨询、可行性研究、设计和监理一体化方向发展，拓展业务范围，根据市场需求，提供高层次、多样化的管理咨询服务。政府部门也可通过购买服务的方式委托监理企业开展相关工作。深化监理人员执业资格制度改革，提高监理人员的实际能力、专业技术水平和职业道德水平。引导监理市场规范有序发展，维护监理企业的合理利润和监理人员的合理待遇。

（五）完善招标投标制。

坚持依法择优导向。遵循"公平、公正、公开、择优"原则，尊重项目建设管理法人依法选择参建单位的自主权。改进资格审查和评标工作，加强信用评价结果在招投标中的应用，采取有效措施防止恶意低价抢标、围标串标。大力推进电子招投标，完善限额以下简易招标制度。加强对评标专家的管理，实行评标专家信用管理制度。

健全规章制度体系。加快制定公路建设项目代建、设计施工总承包招投标管理办法及标准招标文件,加快修订施工、设计、监理等招投标管理办法。对出资人自行设计和施工的项目,要进一步完善投资人招标等有关规定。

加强政府监管。交通运输主管部门要按照当地政府的有关规定,具备条件的公路建设项目招投标应进入公共资源交易市场。要依法纠正招投标中的违法行为,不得干预招标人的正常招标活动。要坚持信息公开,鼓励社会监督,规范招投标行为。

(六)强化合同管理制。

各级交通运输主管部门和从业单位应强化法律意识和契约意识,杜绝非法合同、口头协议和纸外合同等不规范现象。不断完善合同管理体系,研究制定《公路建设项目合同管理办法》,健全标准合同范本体系,制定代建、设计施工总承包、公路简明施工等标准合同范本,坚持以合同为依据规范项目建设管理工作。

加强对合同谈判、签订、履行、变更、结算等全过程管理,进一步完善工作机制和管理制度,注重培养合同管理人才,提高合同管理的科学化水平。强化合同执行情况的监督,通过履约考核、信用评价、奖励处罚等措施,督促合同双方履约守信。

三、创新项目建设管理模式

根据公路建设实际和投融资体制改革的要求,为提高项目管理专业化水平,各地可结合本地区实际情况和建设项目特点选用以下三种项目建设管理模式。同时,为进一步激发社会资本活力,鼓励各地进一步探索政府和社会资本合作(PPP)模式等新的融资模式下的其他有效建设管理模式。

(七)自管模式。由项目建设管理法人统一负责项目的全部建设管理工作和监理工作。项目建设管理法人必须具备相应的管理能力和技术能力,并配备具有相应执业资格的专业人员,能够完成项目管理全部工作,包括《公路工程施工监理规范》规定的相关工作,对项目质量、安全、进度、投资、环保等负总责。根据建设项目的规模和技术复杂程度,项目建设管理法人应依据自身监管能力从具有相应资质等级的监理单位聘请有相应资格的监理人员负责监理工作。

（八）改进的传统模式。由项目建设管理法人通过招标等方式，选择符合相应资质要求的监理单位对项目实行监理。按照监理制度改革的新要求，在监理合同中应明确项目建设管理法人与监理单位的职责界面，项目建设管理法人对项目建设管理负总责，监理单位受其委托，按照合同约定和授权依法履行相应的职责。

（九）代建模式。由出资人或项目建设管理法人通过招标等方式选择符合项目建设管理要求的代建单位承担项目建设管理工作。代建单位依据代建合同开展工作，履行合同规定的职权，承担相应的责任。鼓励代建单位统一负责项目建设管理工作和监理工作。

（十）建设管理模式确定程序。项目法人在向交通运输主管部门报送设计文件时，应明确拟采用的建设管理模式（包括相应的监理选择方式）并提交相关的材料。设计文件批复时要明确项目建设管理模式，以及建设管理法人、法人代表及项目主要负责人等，采用代建模式的，应明确代建单位及主要负责人等。项目建设管理模式、项目建设管理法人等变更时，应报原审批设计文件的交通运输主管部门备案。

四、逐步推行设计施工总承包方式

（十一）各级交通运输主管部门应鼓励项目建设管理法人根据项目特点，科学选择工程承发包方式，逐步推行设计施工总承包。设计施工总承包单位应按有关规定通过招标等方式确定，由其负责施工图勘察设计、工程施工和缺陷责任期修复等工作。要通过合同明确项目建设管理法人与总承包单位的职责分工和风险划分。设计施工总承包可以实行项目整体总承包，也可以分路段实行总承包，或者对机电、房建、绿化工程等实行专业总承包。实行设计施工总承包方式，要深化初步设计及概算工作，加强设计审查及设计变更管理，确保质量安全标准不降低，工程耐久性符合要求。探索推行设计、施工和固定年限养护相结合的总承包方式。

五、建立健全统一开放的公路建设市场体系

（十二）完善公路建设市场信用体系。

加强信用信息的基础性建设工作。完善全国统一的从业单位和从业人员数据库，利用信息化手段，实现信息共享，做到市场主体信用信息公开、透明、有效。规范信用信息的应用管理，完善守信激励和失信惩戒的相关制度。

要拓展对市场主体的评价工作。做好对勘察设计、施工、监理、试验检测等单位的信用评价工作，试行对项目建设管理法人、代建单位的信用评价，并将各市场主体的信用情况与招投标、资质审查等工作挂钩。

建立主要从业人员信用评价体系。对项目建设管理法人、代建单位、勘察设计、施工、监理及试验检测等各参建单位的项目负责人、技术负责人、安全生产负责人及其他关键岗位负责人等主要从业人员，建立个人执业信息登记和公开制度，开展个人信用评价，将评价结果计入个人信用信息档案，并与招投标等工作挂钩。大力整治从业人员非法挂靠、虚报资格（质）、履约不到位等问题，以净化市场环境。

（十三）加强代建市场的培育。各级交通运输主管部门要建立健全代建项目管理的规章制度，推进项目管理专业化。要通过政策引导和有效管理，促进代建市场规范有序发展。

（十四）加强从业人员管理工作。交通运输主管部门、项目法人及有关从业单位应充分考虑不同层次、不同岗位从业人员的差别化需求，加强各类培训和经验交流。公路建设项目各参建单位对一线操作人员要积极创造学习条件，定期举办技术交流培训，促使操作人员熟练掌握工作技能，不断提高文化和职业素质。

（十五）完善工程保险制度。根据项目规模、技术复杂程度、企业业绩、管理水平等，逐步实行差别化保险费率和浮动费率。通过市场风险管理机制，促使企业增强品牌意识、诚信意识和法律意识，规范市场行为。

六、强化政府监管

（十六）强化事中事后监管。各级交通运输主管部门要按照行政管理体

制改革要求,逐步精简事前审批事项,减少市场准入限制,加强对项目的事中事后监管,特别是对项目出资人资金到位情况、招标投标、设计审查、工程变更、工程验收等关键环节的监管,重点整治招投标中的非法干预、暗箱操作、围标串标行为,以及试验数据和变更设计造假、层层转包和非法分包、虚报工程量、多计工程款等违法违规行为,加强对工人工资支付情况的监管。实行项目建设管理法人及其他参建单位责任登记制度,细化、分解相关单位及人员的责任。建立工程质量终身责任追究制度和工程造价监督管理制度,完善设计变更管理制度、工程项目信息公开制度和材料设备阳光采购制度。对存在违法违规行为的参建单位和个人要依法严惩,列入"黑名单",给予限期不准参加招标投标、吊销资质证书、停止执业、吊销执业证书等相应处罚。

(十七)创新监管方式。要研究制定针对新的项目管理模式和新的融资方式的建设项目的监管模式、重点和措施,对社会资本投资的项目,要制定相应的监管方案,明确监管单位、人员、职责和监管措施,提高监管的针对性。要认真审核特许经营协议中关于质量、安全、工期、环保、检测频率等内容条款,明确项目建设管理法人的相关责任、义务和权利。严格审查技术标准、建设规模和重大技术方案,重点加强对建设程序执行、建设资金使用、质量安全等措施的监管。必要时政府可通过招标等方式选择第三方专业机构,提供技术审查咨询、试验检测等相关技术服务,丰富监管手段,有效发挥监管作用。

七、有关要求

(十八)提高思想认识,加强组织领导。省级交通运输主管部门要高度重视公路建设管理体制改革工作,按照部公路建设管理体制改革的总体部署,因地制宜地制定本地区改革实施方案,明确责任、精心组织、狠抓落实,推进公路建设管理体制改革不断深化。

(十九)积极开展试点,稳步推进改革。省级交通运输主管部门要结合本地区实际情况组织开展自管模式、代建模式、监理改革和设计施工总承包等试点工作,改革试点方案报部备案。处理好改革、发展、稳定的关系,既要积极推进改革,又要稳妥可靠,既要做好改革的顶层设计和总体规划,又要因地制宜提出具有可操作性的解决方案。要跟踪试点进展情况,及时研究解决试点中发现的问题,总结经验,完善制度,加以推广。

(二十)完善法规体系,实现依法建设。根据公路建设管理体制改革的总体要求,结合试点情况,及时修订有关法规、规章及规范性文件,完善管理制度,细化配套措施,健全法规体系,不断提升公路建设管理水平,实现公路建设管理的法制化。

交通运输部

2015 年 4 月 13 日

附件四 依法监理 改革提升 促进公路建设健康发展

——《公路工程施工监理规范》修订解读

2016年7月22日,交通运输部发布了新修订的公路工程行业标准《公路工程施工监理规范》(JTG G10—2016,以下简称新版《监理规范》),将于10月1日起施行。本规范是对原《公路工程施工监理规范》(JTG G10—2006,以下简称2006版《监理规范》)的全面修订。

修订背景——适应工程监理制改革方向

工程监理制度是我国改革开放以来逐步引进、建立、推行的一项行之有效的基本工程管理制度。《中华人民共和国公路法》第二十三条规定:"公路建设项目应当按照国家有关规定实行法人负责制度、招标投标制度和工程监理制度。"

1986年开工的西(安)三(原)一级路、1987年开工的京津塘高速公路率先实行了国际化的菲迪克工程监理制,至今已经有30年了。1995年交通部发布了我国第一部《公路工程施工监理规范》,2006年进行了第一次修订,目前已实施了10年。1995年年底,我国高速公路通车里程只有2 141公里,2005年年底为4.1万公里,2015年年底突破12万公里。《公路工程施工监理规范》的发布实施,适逢我国公路建设高峰、跨越式发展期,有力地指导、规范了公路工程监理工作行为,为落实工程监理制度、保证工程质量安全发挥了不可替代的重要保障作用,促进了我国公路建设事业的健康有序发展。

当前,我国正处于全面深化改革时期,为深入推进交通运输改革、全面推行现代工程管理、提高公路建设管理水平,交通运输部于2015年4月发布了《关于深化公路建设管理体制改革的若干意见》(交公路发〔2015〕54号,以下简称《若干意见》),提出要完善公路建设管理四项制度,即落实项目法人责任制、改革工程监理制、完善招标投标制和强化合同管理制。

《公路工程施工监理规范》作为一项具有政策性和管理性、以规范监理行为为主的行业标准,不同于一般的设计、施工技术规范,与工程建设管理制度、法律法规等关系密切,需要不断适应改革发展的要求。2006版《监理规范》存在监理定位不明确、职责交叉不清晰、责任权利不匹配、工作流程不顺畅等问题,应进行修订完善,以与工程监理制的改革方向相适应,与新的法律法规相协调。为此,根据《交通运输部办公厅关于下达2014年度公路工程行业标准制修订项目计划的通知》(厅公路字〔2014〕87号),部公路局组织开展了新版《监理规范》的编制工作。

本规范的修订和发布实施,是落实工程监理制改革的支撑手段、配套措施和重要步骤。2014年9月,交通运输部副部长冯正霖在全国公路建设管理体制改革座谈会上明确要求,要"修订《监理规范》,引导监理回归工程咨询服务的本质属性。"

针对近几年有关公路工程监理方面的一些疑问,如"要不要监理?为谁监理?谁来监理?"等,《若干意见》已经给出了明确的答案。而本规范是对"监理什么?怎么监理?"两个问题的最新阐释。

修订思路及原则——加强现代工程管理完善监理工作机制

本次监理规范修订的基本思路是:以服务交通运输科学发展、安全发展为指针,以加强现代工程管理、深化监理制度改革为统领,以法律法规为依据,坚持目标和问题导向,进一步调整完善监理工作机制,规范监理工作及参建各方行为;以工程质量、安全为重点,突出程序控制、工序验收和检验评定,精简旁站、抽检和内业工作量,落实监理对施工质量、安全问题的否决权,提高监理工作有效性。

修订过程中,按照"总结、继承、完善、提高"的方针,坚持和贯彻了目标导向原则、问题导向原则、继承性原则、协调性原则、先进性原则和成熟性原则,积极听取各方意见建议,广泛吸纳有关研究成果,紧密结合有关法规变化方向,体现了依法监理、认真负责、与时俱进的发展要求。

《若干意见》指出，"调整完善监理工作机制。监理工作应改进方式，以质量、安全为重点，加强程序控制、工序验收和抽检评定，加强对隐蔽工程和关键部位的监理，精简内业工作量，明确环境监理和安全监理工作内容，落实对质量安全等问题的监督权和否决权。"本次修订很好地落实了这些要求，为改革措施的落地提供了良好基础。

修订的主要内容——以"职责+流程"为主线，突出质量、安全、环保

公路工程建设具有点多、线长、面广、规模大、投资高、周期长以及"线形+层状"等典型特征，公路工程监理必然需具有适应这些特征的规律和要求。新版《监理规范》以"职责+流程"为主线，突出质量、安全和环保等重点，形成完整链条体系，对有关内容进行了全面修订。

1.适应改革发展方向和定位，明确了咨询服务属性、代表建设单位、总监负责制、自行监理等方面的要求。《若干意见》强调，"明确监理定位。工程监理在项目管理中不作为独立的第三方，监理单位是对委托人负责的受托方，按合同要求和监理规范提供监理咨询服务。""引导监理企业……提供高层次、多样化的管理咨询服务。"

新版《监理规范》在术语中将监理定义为监督管理及咨询服务活动，总监办的职责包括提供建设单位委托的其他工程管理咨询服务。在基本规定中明确代表建设单位实施监理及实行总监负责制，在总则中提出了对自行监理的要求，以适应改革发展的需要。

2.明确监理工作主体和职责，调整了总监办、驻地办的主要职责，增补了安全、环保监理方面的内容。《若干意见》强调，"明确监理职责和权利。监理工作是项目建设管理工作的重要组成部分。监理单位根据项目建设管理法人要求，按照合同约定的权利和义务，依法、依合同开展监理工作。"

新版《监理规范》严格了设置驻地办的条件，规定100公里以上的高速公路、一级公路工程可设驻地办；调整了监理人员组成和人数配备的基本要求，将2006版《监理规范》中按每年每5 000万元建安费配备监理工程师1名，提高到7 500万元；按照监理单位、监理机构、总监办、驻地办以及监理人员等区

分了监理工作主体,而2006版《监理规范》中统称为监理工程师。

3.规范监理程序和内容,进一步顺了监理工作流程和时序。按照施工准备、施工、验收与缺陷责任期三个阶段明确了监理工程内容和程序,从审批施工单位的申请开始、到签发有关文件结束,线条清晰。

新版《监理规范》减少、合并、调整了事前的审批、审查事项,将事前的审批、审查事项由15项减少到9项。如将审批分项分部工程开工申请、审查施工组织及人员配备、审查施工方案及主要工艺等三项合并为一项"审批分部分项工程开工申请"。补充了监理计划、监理细则的具体内容要求。

4.调整监理工作机制。根据《若干意见》"调整完善监理工作机制"的要求,新版《监理规范》突出重点、抓住关键、丰富手段,明确了以巡视为主的现场监理工作方式,提出了检测见证和信息化管理等要求,精简了旁站项目,减少了测量、验证、抽检等项目和频率。

新规范规定,在施工过程中监理机构应对施工单位主体责任落实情况、施工合同执行情况和质量安全等保证体系运行情况进行监督检查。旁站项目的要求由2006版《监理规范》中的"宜"修改为"应",以表示严格。对监理抽检的项目进行了调整,工程实体质量抽检针对分项工程中的关键项目和结构主要尺寸,不再是全部实测项目,同时强调抽检"应在施工单位自检合格的基础上"进行。据初步测算,可以减少抽检工作量60%以上。

5.精简质量评定和内业工作量。监理机构检验评定工程质量的范围由分项工程调整为分部工程,优化了检验评定和监理资料内容的要求,实现内业工作量降低。

经与《公路工程质量检验评定标准》等的修订进行协调,由监理独立进行的工程质量检验评定范围由分项、分部、单位工程,调整为分部、单位工程,内业资料将大幅度减少。据分析,规范修订后此项内业工作量将减少约70%。

6.强化监理工作原则和否决权。增补了监理工作基本原则的要求,强化了监理机构处理工程质量安全问题的权责,补充了质量问题处理的具体规定。

我国推行公路工程监理制度后,早期总结提出了"严格监理、热情服务、秉公办事、一丝不苟"的监理原则,纳入了《公路工程施工监理办法》和1995版《监理规范》。后来,演变形成"严格监理、优质服务、公正科学、廉洁自律"的职业准则,但未在2006版《监理规范》中体现,本次修订提出了"公正、科学、诚信、自律的原则",作为监理工作的基本遵循。

为落实监理对质量安全等问题的否决权,在基本规定中明确了要求施工单位整改和向监管部门报告等内容,并在质量、安全、环保监理中进行了细化。

7. 缩减机电工程和合同管理内容。新版《监理规范》明确了机电工程监理的特殊内容,大幅删减了重复的条文;规范了合同事项管理的内容,将2006版《监理规范》中"合同其他事项管理"一节单独作为一章,并将审查工程分包、人员配备和机械设备等内容移入。

2006版《监理规范》第9章"机电工程监理"中的内容多属重复和引用。根据调研、对比分析和实际工作需要,全部删减了重复和引用的内容,突出、保留了确需增加的3项内容,即软件开发监理、系统检验测试和试运行期监理。

8. 其他主要修订内容。本次规范修订梳理了监理记录的格式和内容,增补了《抽检记录》,增补了抽检、检测见证、监理日志等术语;按《公路工程标准编写导则》等规定全面改写了条文说明,并将编印可操作性的实施手册。

修订后,本规范结构体系完整,"五控两管"内容齐全、有机结合,事前审批、过程控制、事后验收工作流程清晰,以巡视为主的现场监理方式更加适用,旁站项目明晰、工作用表适中、技术内容翔实,针对性、适用性、可操作性较强。

规范宣贯需要注意的问题

新版《监理规范》的宣传、贯彻、执行不但涉及监理企业、监理人员,也与交通运输主管部门、质量监督机构、项目法人以及施工单位紧密相关,特别是项目法人,要严格执行法律法规、落实建设管理体制改革意见,加大监理规范的宣贯力度,保证监理规范落地、见效。同时,针对执行过程中的有关问题,可及时向编制组反馈。

对于按照《若干意见》改革精神采用自管模式的项目,有关行业管理部门和建设管理法人应正确对待和执行《监理规范》。首先,《若干意见》已经明确,要

"坚持和完善工程监理制,更好地发挥监理作用",并非取消工程监理制。其次,自管模式是指"由项目建设管理法人统一负责项目的全部建设管理工作和监理工作。项目建设管理法人必须具备相应的管理能力和技术能力,并配备具有相应执业资格的专业人员,能够完成项目管理全部工作,包括《公路工程施工监理规范》规定的相关工作,对项目质量、安全、进度、投资、环保等负总责。"不允许以自管为名不执行工程监理制和《监理规范》的有关规定。

对于目前正大力推广采用的政府和社会资本合作模式(PPP模式),其实质是一种筹融资方式,以及相应采用的项目管理模式,并不影响工程监理制度的实施,也不影响本规范的适用。项目管理中具体的监理职责和权限,仍然要按照法律法规的规定,根据项目法人、项目建设管理单位、监理机构和施工单位等的管理实际来确定。

希望各级交通运输主管部门、公路工程质量监督管理机构加强对监理规范贯彻、落实情况的监督检查。